Nicole Joiner ~ Dagmar Rücker

Malen, klecksen, zeichnen, pinseln

Originelle Kreativ-Ideen für jeden Tag in Kiga & Grundschule

Kinderleichte Materialwerkstatt Farbe

Ökotopia Verlag, Münster

Impressum

Autorinnen	Nicole Joiner ~ Dagmar Rücker
Lektorat und Projektkoordination	Barbro Garenfeld
Covergestaltung	PERCEPTO mediengestaltung
Fotos	Nicole Joiner ~ Dagmar Rücker
Satz	Hain-Team (www.hain-team.de)
ISBN	978-3-86702-295-8

1. Auflage
© 2014 Ökotopia Verlag, Münster

Bleiben Sie in Kontakt

www.oekotopia-verlag.de

Inhalt

Willkommen in der Farbwerkstatt! 5

Welt der Farben 9
Die Farben aus der Kleckselstraße 9
Farbenlehre 12
   Farbkreis von Itten 12
Materialvielfalt von A–Z 13
   Mal- und Zeichengründe 13
   Malwerkzeug 17
   Staffeleien 17
Grundausstattung für die Praxis 18

Malen 19
Wasserfarben 19
   Experiment Wasserfarbe 20
   Farbstrudel 21
   Lauf, Farbe, lauf! 22
   Auf den Hut gekommen 22
   Eistüten 24
   Nass in Nass 25
   Feuerfarben 26
   • *Andy Warhol* 27
   Andys Blumen 28
   Blätterschatten 29
   Bunte Wattetupfer 31
   Schneckenkönig 32
Gouachefarben 34
   Expedition Gouachefarben 35
   • *Sam Francis* 36
   Action Painting 37
   Tupfenbilder 39
   Murmelpapier 40
   Farbräder 41
   Farbscheiben 42
   • *Ernst Litfaß* 43
   Litfaßsäule 44
   • *Lucio Fontana* 46

   Biestbild 47
   Ein grünes Krokodil 48
   Würfelbilder 49
   Blauer Stuhl 50
Temperafarben 52
   Temperafarben ausprobieren 52
   Gut geschleudert 54
   • *Niki de Saint Phalle* 55
   Ran an die Farbpistolen 56
   Blatt für Blatt 57
   Auf der blauen Insel 58
   Es grünt so grün 58
   Prächtiges Gehäuse 59
   Farbspiralen 60
   Farben-Misch-Masch 61
   Kontrast-Reich 62
   Tortenwunder 63

Zeichnen 64
Kohle 64
   Experimentieren mit Kohle 64
   Höhlenbilder 66
   Schau in dein Gesicht 66
   Feuerwerk 67
   Süße Früchte 68
   Mauermäuse 69
Farbstifte 71
   Meine Familie und ich 71
   Experimentieren mit Aquarellstiften 72
   Quadratisch, bunt und gut 72
   Bunte Post 73
   Verwandelte Buchstaben 74
Kreiden 75
   Experiment Zuckerkreide 75
   Tanzende Zuckerkreide 76
   Zart und leicht 77
   Nester 77

Lang und rund	78
Bunte Tropfen	79
Vasenbilder	80
Blattsalat	81
Kunterbunte Nasenbären	82
• *James Rizzi*	83
Zwischen Hochhäusern unterwegs	84
Kreuz und quer	85
Riesenschlange	86
Kratzbilder	87
Faserstifte	88
Durchscheinend	89
Klebezettel	90
Farbkreisel	91
Selbstporträt	92
Ein Reißverschluss zum …	92
Hippieköpfe	94
Tusche	95
Experiment Tusche	95
Briefe aus dem Mittelalter	96
Klecksbilder	97
Pustebilder	98
Lustige Namensbilder	99
Tintenhexe	100

Projekte	101
Froschkönig	102
Tierpuzzle in der Kiste	103
Tausendfüßler Willibald	104
Waschtag	105
Pop-Art Porträt	108
Bowerbird	109
Wunschblumen	111
Farbmäuse im Haus	113
Experimente mit Farben	117
Das große Farben-Mischen	118
Bunte Flaschen	118
Farbkreis selbst gemacht	119
Können Farben frieren?	120
Filzstift mal anders	120
Kreisschnitte	122
Pinsel selbst herstellen	123
Aus der Farbenküche	124
Anhang	125
Register	125
Literatur	126
Die Autorinnen	**127**

Willkommen in der Farbwerkstatt!

„*Es sind Harmonien und Kontraste in den Farben verborgen, die ganz von selbst zusammenwirken.*"
Vincent van Gogh

Kinder erleben ihre Welt spielerisch und voller Neugier. Sie entdecken täglich die unterschiedlichsten Farben in ihrer Umgebung. Ihre Fantasie und Begeisterungsfähigkeit für Farben sind grenzenlos.

Die Reihe **„Kinderleichte Materialwerkstatt Farbe"** möchte aufzeigen, wie diese Experimentierfreude genutzt und gefördert werden kann, um unterschiedliche Farben in all ihrer Vielfalt und mit allen Sinnen zu erleben. Dies schließt den Umgang mit vielfältigen Farbmaterialien ein, mit denen die Kinder malen und zeichnen können. Hilfreiche Basisinfos und Praxistipps erleichtern dabei die Umsetzung der Aktionen.

Die Bücher der Reihe „Kinderleichte Materialwerkstatt" sind sowohl für **ErzieherInnen und LehrerInnen im Elementar- und Grundschulbereich** als auch für **engagierte Eltern** geeignet, um mit **Kindern von 3–8 Jahren** mit viel Spaß kreativ zu arbeiten.

In „Malen, klecksen, zeichnen, pinseln" stellen wir eine Vielzahl von Aktionen und Angeboten vor, welche die Fantasie der Kinder anregen, **frei und schöpferisch mit Farben** umzugehen. Die daraus entstehenden Werke sind Zeugnisse einer Entwicklung, die jedes Kind individuell beim künstlerischen Gestalten macht, um am Ende eigene schöpferische Ideen selbstständig umsetzen und darstellen zu können. Die begleitenden Erwachsenen stellen ihnen dazu den Raum, das Material und genügend Zeit zur Verfügung. Darüber hinaus geben sie Anstöße für verschiedene Bearbeitungsmöglichkeiten, sind aber im laufenden Prozess nur als AnsprechpartnerInnen präsent. Sie brauchen selbst keine Anregungen zur konkreten Umsetzung einzubringen, sondern können vollkommen auf den Ideenreichtum der Kinder vertrauen.

Im vorliegenden Buch stellen wir **verschiedene Formen von Praxisangeboten** vor:

- Es gibt eine Vielzahl von Aktionen, die ohne konkrete Aufgabenstellung auskommen und kein bestimmtes Ergebnis zum Ziel haben. Damit wollen wir die Sinne der Kinder ansprechen, da uns die Sensibilisierung für die Eigenschaften und Erscheinungsbilder der Farben an sich wichtig ist. Die Kinder sollen Farben mit all ihren Sinnen wahrnehmen, entdecken und sich mit viel Vergnügen auf das Farbmaterial einlassen. **Experimentelle Aktionen** begrenzen die Kreativität der Kinder nicht – im Gegenteil, sie eröffnen diesen einen großen Spielraum, schöpferisch tätig zu sein.
- Darüber hinaus stellen wir Angebote vor, denen ein **konkreter Impuls** zu Grunde liegt. Bei diesen Aktionen wird der Umgang mit den unterschiedlichen Farbmaterialien weiter vertieft. Dabei entscheiden die Kinder, ob und wie sie sich auf Impulse oder Anregungen einlassen und die neu erlernten Fertigkeiten aus den Experimentierphasen anwenden. Auch die konkreten Aufgaben lassen den Kindern immer ausreichend Spielraum für ihre individuelle Ausgestaltung.
- Um einzelne Angebote besonders zu beleben, arbeiten wir gerne **Impulse wie Geschichten, Gedichte oder Sachinfos** zu bestimmten KünstlerInnen und Themen ein. Diese ermöglichen einen erweiterten, manchmal auch poetischen Blick auf die Auseinandersetzung mit einem Thema. Hierzu sind KünstlerInnen-Steckbriefe für

Kinder und Erwachsene der jeweiligen Aktion beigefügt.
- In vielen Angeboten geht es um die Beschäftigung mit verschiedenen **Materialien** wie Stiften, Kreiden und Flüssigfarben. Diese bieten reichhaltige Möglichkeiten, um sich der Welt der Farben immer wieder neu zu nähern. Die Kinder eignen sich über das aktive Tun ganz nebenbei auch Hintergrundwissen über bekannte kreative Menschen und deren Werke an und verfeinern z. B. ihre feinmotorischen Fähigkeiten.
- Abschließend bieten wir **Projekte** an, in deren Mittelpunkt vor allem Aktionen stehen, die unterschiedliche Farbmaterialien in einem Werk vereinen.

Neben den Hauptkapiteln bietet das einleitende Kapitel „Welt der Farben" (→ S. 9) eine Einführung in die Farbenwelt und deren Begrifflichkeiten an. Der Abschnitt „Materialvielfalt von A–Z" (→ S. 13–17) gibt einen Überblick über die Fülle von Mal- und **Zeichenmaterialien,** die im Handel erhältlich sind. Unter „Grundausstattung für die Praxis" (→ S. 18) findet sich eine knappe **Aufstellung von Materialien und Werkzeugen** als Fundus für die Farbenwerkstatt.

Zu Beginn der einzelnen Kapitel sind Farbmaterialien in kurzen **Infotexten** beschrieben, sodass sich auch „Werkstatt-AnfängerInnen" leicht orientieren können. Zusätzlich sind allen Angeboten **Alters- und Materialangaben** zugeordnet, welche die Planung und Übersicht erleichtern. Die Altersangaben sind dabei als Richtwert zu sehen: Auch ältere Kinder haben ihren Spaß bei „Ran an die Farbpistolen" (→ S. 56) oder stürzen sich mit Vergnügen in einen „Blattsalat" (→ S. 81)!

Auch für uns Autorinnen ist es immer wieder reizvoll, sich auf ein Material ganz einzulassen, um mit allen Sinnen erleben und arbeiten zu können. Und wenn wir Kinder dabei beobachten, können wir „Großen" viel von den „Kleinen" lernen.

„Kreativ sein, heißt lebendig sein." Mit diesem Ausspruch wünschen wir allen Mut zum Experimentieren und viel Spaß in der Farben-Werkstatt!

Nicole Joiner und Dagmar Rücker

Welt der Farben

Die Farben aus der Kleckselstraße

Im Frühjahr war es endlich soweit. Am Ende der Kleckselstraße zogen drei neue Familien in die gerade dort fertig gewordenen Häuser ein. Die gesamte Nachbarschaft war schon sehr gespannt auf die neuen Bewohner. Diese Häuser am Ende der Straße waren auf dem Gelände der alten, inzwischen abgerissenen Schuhfabrik entstanden.

Das Haus mit der Nummer 71 war einstöckig, hatte riesige Fenster und war knallrot. Es hatte den größten Garten von den dreien und einen roten Jägerzaun drum herum. Haus Nummer 72 ähnelte eher einem Turm, hatte runde und quadratische Fenster auf allen Seiten und war von einer blauen Farbe. Eingangstor und Lattenzaun waren hellblau gestrichen. Das dritte der neuen Häuser, die Nummer 73, war leuchtend gelb gestrichen. Mit seinem imposanten Eingang, den Verzierungen über den Fenstern und dem gelben Geländer rundherum erinnerte es an eine Villa.

Familie Gelb mit Vater Gerd, Mutter Gerda und den zwei Töchtern Gabi und Greta, die zukünftigen Bewohner von Haus Nummer 73, waren die ersten, die ihr neues Heim bezogen. Sie kamen mit einem riesigen gelben Möbelwagen angefahren und luden Unmengen von gelben Möbeln aus. Ein kleiner gelber Dackel namens Gustav flitzte unentwegt zwischen den Möbeln umher.

Familie Rot, bestehend aus Vater Robert, Mutter Rosemarie, Sohn Roland, Tochter Ronja und Baby Rosalie, kam am folgenden Tag mit zwei Kleintransportern der Firma Kirschrot an. Welch ein Spaß für die Nachbarn, all die Möbel in den unterschiedlichsten Rottönen zu bewundern, die ins Haus geschleppt wurden. Als es dämmerte und die Kleintransporter geleert waren, trug Ronja als letztes das Glas mit den Goldfischen ins knallrote Haus Nummer 71.

Drei Tage später bezog Familie Blau ihr neues Domizil. Vater Boris, Mutter Barbara, Oma Babette und Sohn Bastian schleppten mit Hilfe von Freunden all ihr Hab und Gut aus den unzähligen Anhängern und Kofferräumen der unzähligen blauen Autos in ihr Haus Nummer 72. Eine kleine blaue Katze hüpfte aufgeregt aus dem blauen Kombi von Familie Blau und verschwand 1, 2, 3 im blauen Haus.

Nun war es soweit, die Häuser am Ende der Kleckselstraße hatten ihre Bewohner.

Der Frühling zeigte sich in den folgenden Wochen von seiner schönsten Seite und die Kinder der Familien Rot, Gelb und Blau verbrachten ihre Tage draußen, wo sie gemeinsam spielten, lachten, stritten und Unfug aushecken.

Doch eines schönen Tages passierte etwas Aufregendes, etwas Ungeheuerliches, was noch lange Zeit später in fantastischen Geschichten über die Kleckselstraße erzählt wurde.

Es war nachmittags. Bastian und Roland bauten eifrig an ihrem Baumhaus, Ronja und Gabi malten eine Geburtstagskarte für Oma Babette, und Greta spielte mit Baby Rosalie auf einer Decke. Sie bauten mit Holzbauklötzen Türme, die Baby Rosalie vor Vergnügen quietschend einstürzen ließ. Greta baute ein um das andere Mal die Türme höher und höher und das Lachen von Rosalie war daraufhin weit zu hören.

Gabi und Ronja, angelockt durch das heitere Lachen, setzten sich zu Greta und Rosalie auf die Decke und begannen für die beiden zu singen. Bastian und Roland ließen nicht lange auf sich warten. Mit einem gezielten Sprung landeten auch sie auf der Decke und fassten die Mädchen bei den Händen, um gemeinsam das Lied vom Regenbogen zu singen. Und in genau diesem Moment passierte es, das Unerwartete, das Wunder der Farben. Gabi hielt Greta und Roland. Roland hielt Gabi und Ronja, Ronja hielt Roland und Bastian, Bastian hielt Ronja und Greta und Greta hielt somit Gabi und Bastian fest, als der Boden zitterte und die Sonne funkelte. Baby Rosalie saß in der Mitte des Kreises und lutschte an einem Bauklotz.

Greta und Gabi, die sich festhielten, spürten an den Händen, die mit Roland und Bastian verbunden waren, ein

merkwürdiges Kribbeln. Gretas und Bastians Hände färbten sich plötzlich in ein schimmerndes Grün, das bis zum Ellbogen reichte. Gabis und Rolands Hände färbten sich indes in einem leuchtenden Orange, und Ronjas und Bastians Hände färbten sich in einem prächtigen Lila. Sie selbst strahlten in ihren Familienfarben. Die Nachbarn, die verwundert aus dem Fenster schauten, entdeckten am Himmel einen wunderschönen Farbenring, der sich über die Kleckselstraße erstreckte. So saßen die Kinder eine lange Zeit und betrachteten das Farbenwunder aus ihrer Mitte.

Wenn du einmal unterwegs bist und am Himmel einen strahlenden Farbenring entdeckst, könnte es sein, dass die Kinder der Familien Blau, Gelb und Rot ganz in deiner Nähe sind.

© Nicole Joiner

Farbenlehre

Farbkreis von Itten

Zu Beginn des 20. Jahrhunderts entwickelte Johannes Itten den Farbstern und den daraus resultierenden, eher bekannten Farbkreis. Diese Farbenordnung ist auf dem Dreiklang der drei Grundfarben aufgebaut und stellt die Mischungen der Grundfarben und deren Zwischenfarben dar.

- **Grundfarben**

Mit den Grundfarben **Gelb, Rot** und **Blau** lassen sich alle weiteren Farbnuancen mischen.

- **Mischfarben**

Werden zwei Grundfarben miteinander gemischt, entstehen so genannte Mischfarben, die sich den drei großen Farbfamilien der Orange-, Violett- und Grüntöne zuordnen lassen. Werden drei Grundfarben miteinander gemischt, entsteht die Farbfamilie der Brauntöne.

- **Schwarz und Weiß**

Schwarz und Weiß sind im Sinne der Farbenlehre keine Farben und erscheinen somit nicht im Farbkreis. Trotzdem sind sie beim Farbenmischen unerlässlich, da sie Farbtöne abdunkeln oder aufhellen.

- **Komplementärkontrast**

Im Farbkreis von Itten liegen die Komplementärfarben einander gegenüber, z. B. Rot – Grün, Gelb – Violett und Blau – Orange. Die jeweiligen Farbenpaare stehen in einer besonderen Harmonie und unterstützen sich gegenseitig in ihrer Farbwirkung.

Materialvielfalt von A–Z

Gutes Malmaterial, Malwerkzeug und Malgründe sind auch in der heutigen Zeit teure – und wertvolle – Güter. Deshalb leben wir zusammen mit den Kindern gerne unseren Erfinderreichtum und unsere Sammelleidenschaft aus, indem wir aus Pigmenten Farben selbst herstellen (→ S. 124) oder in Papiertonnen, im Altpapier oder im Sperrmüll immer wieder nach interessantem, brauchbarem und vor allem kostenlosem Material stöbern. Wir empfehlen aber, den Kindern daneben auch hochwertiges Material und Malwerkzeuge zur Verfügung zu stellen.

Um einen guten Überblick über die heutige Materialvielfalt zu ermöglichen, haben wir hier Malgründe und Werkzeuge zusammengestellt, die wir bei unserer kreativen Arbeit mit Kindern immer wieder gerne einsetzen.
Und bedenken Sie immer: Jedes Material lässt sich in größeren Mengen günstiger einkaufen! Es lohnt sich, im Fach- und Großhandel nachzufragen.

Mal- und Zeichengründe

Papier
Die erwähnten Flächengewichte bei Papieren ermöglichen es einzuschätzen, wie dick, stabil, reiß- oder saugfest eine Papiersorte ist. Grundsätzlich gilt: je höher das Gewicht, desto dicker das Papier.

- **Aquarellpapier/-karton:** Flächengewicht zwischen 120 g/m² und 850 g/m² (Aquarellkarton ab 150 g/m²), speziell geleimt; sehr saugfähig und verzugsarm; als Bögen, Blöcke oder Rollen erhältlich; kann auch für andere Zeichentechniken verwendet werden, z. B. für Arbeiten mit Tusche.
- **Butterbrotpapier:** milchig und durchscheinend; ist lebensmittelecht und wird im Alltag zum Einpacken von Lebensmitteln verwendet; kann in der Papierwerkstatt als günstiger Ersatz für Pergamentpapier dienen, ist jedoch nicht so stabil und reißfest.
- **Graupappe:** wird vorwiegend aus Altpapier hergestellt; ist sehr stabil; meist grau oder braun, aber auch unterschiedlich eingefärbt erhältlich; lässt sich durch Karton ersetzen; Sammeln von alter Verpackung lohnt sich.
- **Hochtransparentes Zeichenpapier:** in mehreren Stärken in Bögen, Rollen oder als Block; eignet sich für Arbeiten mit Tusche, Marker, Blei- und Buntstiften.
- **Makulaturpapier:** Flächengewicht ab ca. 50 g/m²; wird in Druckereien zur Herstellung von Zeitungen und Prospektmaterial verwendet.
- **Schreibmaschinen- und Kopierpapier:** Flächengewicht ab ca. 70 g/m², genormte Größe DIN A4; günstige Alternative für Skizzenpapier; eignet sich zum Falten, Drucken, Zeichnen und Collagieren.
- **Tonpapier/Tonkarton (Fotokarton):**
  - *Tonpapier:* Flächengewicht ca. 130 g/m²
  - *Tonkarton:* Flächengewicht ca. 220 g/m²
  - *Fotokarton:* Flächengewicht ca. 300 g/m² biegsames Papier; matte Oberfläche; hohe Farbbrillanz; kein Ausbluten der Farbe; in vielen Farbtönen als Sortiment, Block oder Einzelbögen und in unterschiedliche Formate zugeschnitten erhältlich; geeignet z. B. für gerissene oder geschnittene Collagen oder Mobiles, als Druckpapier, für diverse Zeichentechniken, zum Malen, als Hintergrundgestaltung.

- **Zeichenpapier:** Flächengewicht ab 120 g/m²; hadernhaltiges oder holzfreies Papier mit einer guten Oberflächenleimung; festes, weißes, saugfähiges Papier mit leicht angerauter Oberfläche; hohe Radier- und Abwaschfestigkeit; in Bögen oder als Rollenware erhältlich, z. B.
  - *Schulzeichenkarton:* Flächengewicht 170 g/m²; weiß; geeignet für Kreide, Bleistift, Kohle, Pastell, Linoldruck, Siebdruck;
  - *Standardpapier:* Flächengewicht 120 g/m²; weiß; geeignet zum Zeichnen, Skizzieren, Malen und Drucken;
  - *Zeichenkarton:* Flächengewicht 170 g/m²; weiß; geeignet für Zeichnen mit Blei- und Farbstift, Kreide, Pastell und Kohle, Malen mit Deckfarbe, für Holz- und Linolschnitt, Siebdruck; Schneid- und plastische Arbeiten.

Papierformate

Die heutige maschinelle Papierver- und -bearbeitung macht einheitliche nationale Papierformate erforderlich. Im deutschen Sprachraum werden fast ausschließlich DIN Papierformate als Standardgrößen verwendet. Die Abkürzung „DIN" steht für „Deutsche Industrie-Norm". Das „Deutsche Institut für Normung e.V." ist für die Festlegung verantwortlich. Das Papierformat „A0" hat eine genau definierte Fläche von 1 m². Von diesem Format ausgehend lässt sich das Papiermaß für alle anderen Formate berechnen: A1 ist genau halb so groß wie A0, A2 halb so groß wie A1 usw. Dadurch kommen die ungeraden Millimeterangaben zustande! Wird ein DIN-Papierbogen also in der Mitte geteilt, entstehen automatisch zwei Bögen im nächst kleineren Format.

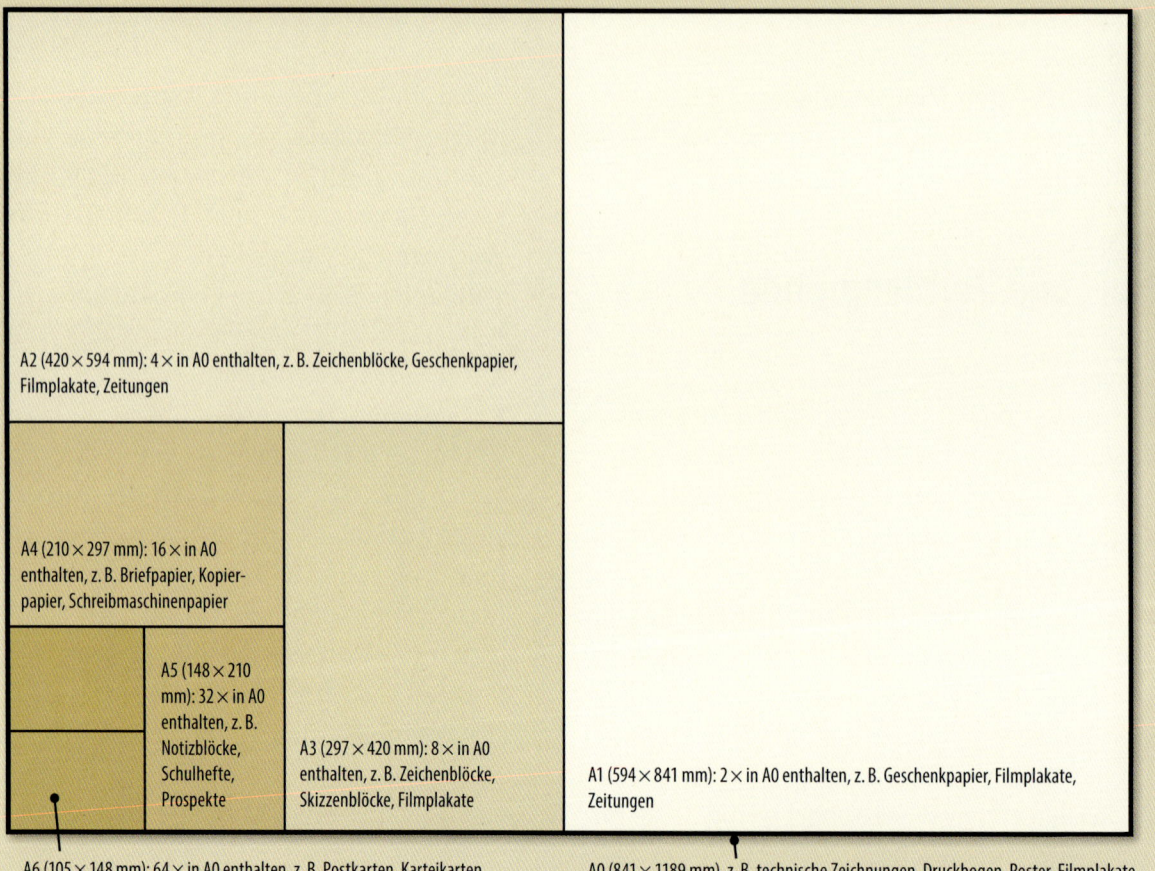

A2 (420 × 594 mm): 4 × in A0 enthalten, z. B. Zeichenblöcke, Geschenkpapier, Filmplakate, Zeitungen

A4 (210 × 297 mm): 16 × in A0 enthalten, z. B. Briefpapier, Kopierpapier, Schreibmaschinenpapier

A5 (148 × 210 mm): 32 × in A0 enthalten, z. B. Notizblöcke, Schulhefte, Prospekte

A3 (297 × 420 mm): 8 × in A0 enthalten, z. B. Zeichenblöcke, Skizzenblöcke, Filmplakate

A1 (594 × 841 mm): 2 × in A0 enthalten, z. B. Geschenkpapier, Filmplakate, Zeitungen

A6 (105 × 148 mm): 64 × in A0 enthalten, z. B. Postkarten, Karteikarten

A0 (841 × 1189 mm), z. B. technische Zeichnungen, Druckbogen, Poster, Filmplakate

Pappen und Karton
- **Graupappe:** meist aus Altpapier hergestellt und deshalb grau meliert; in unterschiedlichen Stärken und Größen erhältlich; gut als stabile Zeichen- und Malunterlage; sehr saugfähig, wellt sich bei zu viel Wasserkontakt.
- **Karton:** Flächengewicht ab 130 g/m²; dünnere Pappe; vorwiegend aus Altpapier hergestellt und für die Herstellung von Kartonage verwendet; es lohnt sich, alte Verpackungen zu sammeln; sehr festes Papier; in vielen Farben erhältlich; kann durch Pappe ersetzt werden.
- **Malpappe:** mit Baumwolltuch kaschierte Pappe, mit leicht saugender Universalgrundierung für Tempera-, Gouache-, Acrylfarben; in verschiedenen Formaten erhältlich (auch runde, quadratische, dreieckige Formate).
- **Pappe:** Flächengewicht von mind. 600 g/m² und ca. 1,5 mm Dicke.
- **Wellpappe:** besteht aus mindestens drei Papierlagen (zwischen zwei glatte Papierlagen wird eine wellenförmige Papierlage geklebt); kann aus bis zu sieben solcher Schichten bestehen; je mehr Schichten und je feiner die Wellen, desto stabiler die Pappe; lässt sich schlecht gegen die Rippen knicken oder falten; meist grau oder braun eingefärbt; lässt sich gut mit Krepp- oder Klebeband verbinden, mit Flüssigkleber zusammenkleben, antackern oder auch nageln.

Leinwand

Für die Arbeit mit Kindern empfehlen wir günstige fertige Standardleinwände von 300 g/m², 100 % Baumwolle oder Leinen, mit leicht saugender Universalgrundierung, im Fachhandel in vielen Formaten für Tempera-, Gouache- und Acrylfarben erhältlich; Sonderangebote beachten.

Holzplatten

In Baumärkten gibt es häufig günstige Holzreste aus MDF-, Pressspan-, Vollholzplatten usw. Sie müssen unbeschichtet, ungeölt und unlackiert sein.

Hilfsmittel

- **Farbenleimpulver:** Zelluloseleimpulver zur Herstellung von Leimfarben und zum Verdicken von selbst mit Pigmenten hergestellten Acrylfarben.
- **Tapetenkleister:** Im Fachhandel auch ohne Konservierungsmittel und Fungizide erhältlich. Lässt sich nach Bedarf schnell in der benötigten Menge mit Wasser anrühren und in Gläsern mit Schraubverschluss aufbewahren.
  Hinweis: Der Kleister ist angerührt nicht lange lagerfähig.
- **Acrylbinder:** Gebrauchsfertiger Acrylbinder ist ein hochwertiger, transparent auftrocknender Kunstharz-Dispersions-Binder. Er hat eine dickflüssige Konsistenz und lässt sich mit Wasser verdünnen.
- **Fixativ:** Das Spray verbessert die Haftung der Farbpigmente auf dem Malgrund. Geeignet für Bleistift, Kohle, Pastell- und Wachsmalkreiden. Einige Fixative sind auch zur Behandlung von Aquarell-, Tusche-, Tempera- und Acrylmalerei geeignet.
- **Sprühlack:** Ein wasserfester Schutzüberzug, der als Glanz- bzw. Mattlack im Fachhandel erhältlich ist. Er trocknet schnell und transparent auf.

chen usw.; im Fachhandel unterschiedliche günstige Spachtelsets (Kunststoffspachtel, Kunststoff-Zahnspachtel oder Japanspachtel) oder teure Malmesser

Staffeleien

Etwas Besonderes ist es, wenn Kinder wie Erwachsene an Staffeleien malen dürfen. Hier können sie den ganzen Körper im Gestaltungsprozess einsetzen und ihre Arbeit auch auf Fernwirkung überprüfen. Im Fachhandel werden spezielle *Kinderstaffeleien* angeboten. Sie sind standfest, haben eine beidseitige Ablage und höhenverstellbare Beine. Sie sind entweder mit einer festen Holzunterlage oder mit Zeichenpapierrollen bestückt. Zum Einrichten eines Kinderateliers eignen sich aber ebenso die so genannten *Akademiestaffeleien*. Sie sind aus Holz, höhenverstell- und zusammenklappbar; sie sind meist in der gleichen Preisklasse wie Kinderstaffeleien.

Malwerkzeug

- **Borstenpinsel:** als Flachpinsel, ideal für großflächiges und gleichmäßiges Malen; auch als Rundpinsel in verschiedenen Stärken erhältlich.
- **Schablonierpinsel (Kinderstupfpinsel):** abgerundeter Stiel, Naturborsten, 1 cm.
- **Haarpinsel:** Rundpinsel; in verschiedenen Stärken; nimmt dünnflüssige Farben gut auf; z. B. als *Aquarellpinsel:* besonders dicker aufsaugender Haarpinsel.
- **Schwammpinsel:** Spitze aus einem Kunstschwamm statt Borsten oder Haaren; in unterschiedlichen Breiten erhältlich.
- **Malerröllchen:** in unterschiedlichen Größen erhältlich; dazu passende Farbwannen benutzen.
- **Spachtel und Kratzwerkzeuge:** zum Spachteln kann alles Mögliche als Werkzeug dienen, z. B. Kamm, Kuchenkratzer, Gabel, Messer, Essstäb-

Grundausstattung für die Praxis

Damit Sie nicht für jede der folgenden Gestaltungs- und Experimentieraktionen immer wieder neu nach Materialien suchen müssen, haben wir eine Liste mit einer Auswahl von Materialien und Werkzeugen erstellt, die in keiner Farbwerkstatt fehlen sollten. Wenn Sie diese Grundausstattung zusammengestellt haben, können Aktionen sofort umgesetzt werden. Ein Grundbestand ermöglicht es ebenfalls, frühzeitig auf Sonderangebote zu reagieren. Aus unserer Erfahrung heraus empfehlen wir:

Arbeitsplatz- und Kleiderschutz
- Plastikplane zum Abdecken für den Boden
- Malerabdeckfolie zum Abdecken für die Tische
- alte Zeitungen
- Papiertücher oder Haushaltspapierrollen zum Abwischen der Hände
- alte Hemden oder Plastikmüllsäcke mit Löchern für Arme und Kopf als Schürzen

Schneidewerkzeug
- Papierschneidemesser (Cutter)
- stabile Schneidematte
- Papierschneidemaschine
- große Schere
- kleine spitze und runde Scheren

Hinweis: Papierschneidescheren extra markieren, damit sie nur für Papier verwendet werden, da sonst alle Scheren sehr schnell stumpf werden.

Klebemittel
- Heißklebepistole
- Klebestifte
- Flüssigkleber in kleinen Flaschen
- Tapetenkleister
- Holzleim
- Kreppklebeband
- transparentes Klebeband

Und außerdem brauchen wir immer wieder:
- weiche Bleistifte
- Buntstifte
- Spitzer
- Lineal, Dreieck
- Papierlocher
- Lochzange
- Tacker mit Munition
- Nähnadeln, Nähgarn
- Borstenpinsel in verschiedenen Stärken
- Falzbein
- Joghurtbecher zum Mischen und für Wasser
- leere Gläser mit Schraubverschluss

Malen

Die Aktivitäten in diesem Kapitel laden die Kinder dazu ein, in die Welt des Malens einzutauchen. Beim Malen werden im Gegensatz zum Zeichnen unterschiedliche Farbarten flächig aufgetragen. Ob mit Fingern, Pinseln, Rollen oder Spachteln, das Mischen und Auftragen von flüssiger Farbe regt den kreativen Prozess und das Sehen an und fordert die Kinder zum individuellen Gestalten auf.

Wasserfarben

Temperafarben, meist in Tablettenform (Block), sind im Fachhandel in unterschiedlichen Qualitäten und vielen Farbtönen erhältlich. Sie besitzen eine hohe Deck- und Leuchtkraft, eignen sich auch für großflächiges Malen, sind untereinander mischbar und wie normale Wasserfarben wasserlöslich. Als Malgrund eignet sich Papier, Karton, Pappe, Stein, Holz und Ton. Da sie gesundheitlich unbedenklich sind, eignen sie sich besonders für Kinder.

Experiment Wasserfarbe

Das Malen mit Wasserfarben bietet ein wichtiges Erfahrungsfeld für Kinder. Es ist spannend zu sehen, wie durch Verändern des Verhältnisses von Wasser und Farbe die unterschiedlichsten Farbtöne entstehen.

Alter: ab 3 Jahren
Material: pro Kind mehrere Bögen weißes saugfähiges Papier, Wasserfarben, Pinsel in unterschiedlichen Breiten und Stärken

Die Kinder experimentieren mit Farbe und Wasser: Sie mischen die Wasserfarben mal mit viel, mal mit wenig Wasser. Sie schauen, wie sich die Farben verändern, wenn sie auf eine Farbe eine andere malen.
Bei dieser Experimentierphase entdecken die Kinder die Eigenschaften von Wasserfarben.

Variante
Was passiert, wenn das Papier zuerst mit Wasser eingestrichen wird?

Farbstrudel

Spiralen faszinieren Kinder immer wieder.

Alter: ab 4 Jahren
Material: pro Kind 1 saugfähiger weißer quadratischer Bogen Papier, Wasserfarben, Haar- oder Borstenpinsel

Jedes Kind erhält einen quadratischen Bogen saugfähiges weißes Papier. Das quadratische Papier erleichtert Kindern das Malen runder Formen.
Mithilfe eines breiten Pinsels streicht jedes Kind das gesamte Blatt mit Wasser ein. Auf das nasse Papier setzen die Kinder den mit Wasserfarben getränkten Pinsel und malen spiralförmig von der Mitte nach außen und umgekehrt. Es werden unterschiedliche Farben übereinander oder hintereinander aufgemalt. So entstehen reizende Farbspiele in Strudelform, eben Farbstrudel.

Lauf, Farbe, lauf!

Bei diesem Projekt beschäftigen wir uns mit der Frage, auf welcher Oberfläche Wasserfarbe besser läuft bzw. laufen kann.

Alter: ab 3 Jahren
Material: pro Kind 1 Bogen weißes, glattes und 1 Bogen raues, saugfähiges Papier, Holzbretter, Klebeband, Zeitungen, Wasserfarben, runde starke Borstenpinsel

Jedes Kind erhält einen Bogen glattes und einen Bogen raues weißes Papier. Gemeinsam betrachten die Kinder die Oberfläche der Papiere genau und streichen zart mit den Händen darüber. Sie beschreiben, was sie sehen und fühlen.
Die Kinder wählen das raue Papier aus und kleben es mit zwei langen Kreppbandstreifen oben und unten auf ihrem Holzbrett fest.
Sie legen einen dicken Stapel Zeitungen vor einer Wand aus, stellen ihr Holzbrett mit dem aufgeklebtem Papier auf und lehnen es an die Wand.
Mit einem dicken Pinsel rühren die Kinder eine Wasserfarbe an und geben einen oder mehrere dicke Kleckse Farbe auf das obere Klebeband des Papiers. Dann beobachten sie:

- Wie läuft die Farbe nach unten, schnell oder langsam?
- Schafft die Farbe den ganzen Weg nach unten oder stoppt sie auf dem Weg irgendwo?

Sie gestalten den Bogen mit mehreren unterschiedlichen Farbläufen, nehmen ihn vom Brett ab und legen ihn zum Trocknen aus.
Die Kinder kleben den glatten Bogen auf das Brett und wiederholen das Farblaufen.

- Verhält sich die Wasserfarbe auf dem glatten Bogen genauso wie auf dem rauen?
- Läuft die Farbe hier schneller oder langsamer?

Bei dieser Aktion entstehen zwei interessante Farb-Lauf-Bilder.

Auf den Hut gekommen

Kinder lieben es, aus den unterschiedlichsten Materialien Hüte für sich zu entwerfen und diese anzumalen.

Alter: ab 4 Jahren
Material: sehr große Filtertüten (Fachhandel), Wasserfarben, Pinsel, Tacker

Jedes Kind erhält eine große Filtertüte, die es auf seinen Arbeitsplatz legt.

Die Kinder bemalen eine Seite der Filtertüte, ob unifarben oder mit bunten Mustern – den Hut-Designern sind keine Grenzen gesetzt.
Die zweite Seite sollte erst nach dem Trocknen der ersten Seite bemalt werden, da es sonst zu ungewollten Farbmischungen kommt.
Sind die Hüte trocken, wird eine Krempe je nach Kopfgröße des Kindes nach außen gefaltet und mit dem Tacker fixiert.

Bei einer kleinen Modenschau zeigen die Kinder ihre neuen Hüte.

Variante
Die Kinder können die Filtertüte zuerst vollständig mit Wasser bepinseln. Sie kann noch nass auf die zweite Seite gedreht und weiter bemalt werden.

Eistüten

„Komm, wir gehen ein Eis essen!" Dieser Satz wirkt nicht nur auf kleine Menschen wie ein Zauberspruch. Auch den Großen läuft bei diesem Klang das Wasser im Mund zusammen.

Alter: ab 3 Jahren
Material: große Filtertüten (Fachhandel), Wasserfarben, große runde Borstenpinsel, große runde Origami-Faltblätter in verschiedenen Farben, Flüssigkleber

Zusammen mit der Werkstattleitung besprechen die Kinder Fragen zum Thema, z. B.:
- Gab es schon immer Eis zum Schlecken?
- Wie wird Eis eigentlich hergestellt?
- Welche Eissorten verkauft der Eismann?
- Haben alle Eissorten die gleiche Farbe?
- Welches ist dein Lieblingseis?
- Macht Eisessen krank oder kann es auch wie eine Medizin wirken?

Jedes Kind erhält eine große Filtertüte zur Herstellung einer Rieseneistüte.
Mit Wasserfarben dürfen die Kinder diese frei gestalten. Sie können die Farbe tupfen, kräftig oder zart auftragen oder sie statt auf eine trockene auf eine feuchte Papierstelle malen. Sie entdecken dabei, wie sich Wasserfarbe bei Aquarellmalerei verhält (→ S. 25).

Ist die Filtertüte getrocknet, sucht sich jedes Kind mehrere runde Origamifaltpapiere aus. Diese sollen die Eiskugeln darstellen. Je nachdem, um welche Eissorte es sich handelt, wählen die Kinder entsprechende Farben, z. B. Braun für Schokolade, Zitronengelb für Zitrone oder Banane, Rot für Erdbeere oder Himbeere, Lila für Heidelbeere, Weinrot für Brombeere, Grün für Kiwi und Blau für Schlumpfeis usw.

Die Kinder kleben ihre Eiskugeln mit Flüssigkleber an dem Tütenrand fest, eventuell hilft die Werkstattleitung zusätzlich mit dem Tacker.
„Wow! Das sind ja Rieseneistüten!"

Hinweis: Vielleicht besteht die Möglichkeit, zum Abschluss der Aktion zusammen mit den Kindern Eis selbst herzustellen oder einem Eismann beim Eisherstellen zuzusehen. Natürlich darf anschließend das Eis probiert werden.

Nass in Nass

Bei dieser Technik lernen die Kinder mehr über den Umgang mit Wasserfarben. Sie erfahren den Unterschied zwischen einem wässrigen und einem deckenden Farbauftrag und was „Nass-in-Nass-Technik" bedeutet.

Alter: ab 5 Jahren
Material: pro Kind 1 Malpapier (DIN A3, 120 g/m²), Kreppklebeband, Wasserfarben, breite flache Borstenpinsel (Gr. 10), kleine und große Schwämme

Jeder kleine Künstler klebt auf seinen Arbeitsplatz ein DIN A3-Malpapier entlang der vier Blattkanten fest.
Anhand eines Probebogens erklärt die Werkstattleitung den Kindern den Unterschied zwischen einem wässrigen und einem deckenden Farbauftrag.

- Bei einem wässrigen Farbauftrag wird die Farbe mit Wasser stark verdünnt:
Dies geschieht z. B., indem die Kinder das Wasser im Wasserglas so lange einfärben, bis die gewünschte Farbstärke erreicht ist. Danach überziehen sie das Malpapier mit dieser Flüssigkeit. Dazu eignet sich ein breiter Borstenpinsel oder ein Schwamm.
- Einen ähnlichen Effekt erreichen die Kinder auch mit der so genannten Nass-in-Nass-Technik. Hier wird die Fläche des Malpapiers zuerst mit einem feuchten Schwamm mit Wasser befeuchtet und anschließend mit dem in Farbe getauchten kleinen Schwamm oder breiten Borstenpinsel großflächig eingefärbt.
- Bei einem deckenden Farbauftrag werden die Farbpigmente mit dem nassen Pinsel so lange durch Rühren vom Farbblock gelöst, bis die Farbe Blasen wirft und eine cremige Farbpaste entstanden ist. Diese Farbe erscheint dann sehr kräftig auf dem Papier.

Feuerfarben

*Schau dir mal das Feuer an,
wie es lustig tanzen kann,
1, 2, 3, ich puste es aus,
dunkel wird's im ganzen Haus.*
© Nicole Joiner

Alter: ab 3 Jahren
Material: pro Kind 1 Bogen Aquarellpapier, Wasserfarben in Feuertönen, große runde Borstenpinsel, Salatöl, Küchenpapierrolle

Jedes Kind erhält einen Bogen Aquarellpapier. Mit einem großen runden Pinsel bestreicht es den Bogen komplett mit Wasser.
Die Kinder suchen sich Wasserfarben aus, die sie mit Feuer in Verbindung bringen. Mit diesen bemalen sie ihr gesamtes Aquarellpapier.
Das Papier legen sie zum Trocknen aus.
Das getrocknete Aquarellpapier beträufeln sie mit Öl, das sie mithilfe von Küchenpapier gut verteilen und einreiben. Durch das aufgetragene Öl wird das Papier transparent.
Es kann als Lichtfang an Fensterscheiben geklebt oder zu einer Laterne verarbeitet werden.

STECKBRIEF: Andy Warhol

Der in der ganzen Welt bekannte amerikanische Künstler Andy Warhol wurde 1928 in Pittsburgh, Pennsylvania, geboren. Seine Eltern waren Einwanderer aus der ehemaligen Tschechoslowakei und gaben ihm den Namen Andrej Warhola.

Andrej Warhola verdiente sein Geld zunächst als Schaufensterdekorateur und studierte dann Gebrauchsgrafik. Nach Abschluss seines Studiums zog er 1949 nach New York und nannte sich fortan Andy Warhol. Bis 1960 verdiente Warhol seinen Lebensunterhalt in New York mit dem Dekorieren von Schaufenstern, als Werbegrafiker für Modemagazine und als Illustrator, bevor seine ersten künstlerischen Bilder entstehen.

In seiner Kunst beschäftigte er sich mit dem Verfall der Konsumkultur, was seine Werke stark beeinflusste. In seinem Atelier „Factory" nutzte Warhol den Siebdruck und Acrylfarbe, um seine Kunst seriell zu „produzieren". Bekannte Kunstwerke dieser Zeit sind „Coca Cola Bottles" oder „Campbell's Soup Cans". Als Vorlage für einige seiner Bilder nutzte er Fotos aus Pressemeldungen von Unfällen und Unglücken. 1964 entstanden Kunstwerke mit dem Titel „Flowers". Warhol zählt seit dieser Zeit zu einem der Größen der Pop-Art, einer Kunstrichtung, die sich der überdimensionalen Darstellung von Alltäglichem widmet. Außerdem baute er aus Karton und Holz Verpackungen bekannter Lebensmittel und anderer Alltagsprodukte nach.

Andy Warhol wurde in den folgenden Jahren nicht nur als Maler bekannt, sondern auch als Grafiker, Designer und Filmemacher.

In den 1970er Jahren entstanden die bis heute berühmten Porträts bekannter Persönlichkeiten aus Film, TV und Politik, wie die Porträts von Elvis Presley, Marilyn Monroe, Jackie Kennedy und Mao Tse-tung. Andy Warhol starb 1987 mit 58 Jahren in New York.

STECKBRIEF FÜR KINDER: Andy Warhol

Der Künstler Andy Warhol gestaltete Bilder, auf denen du Dinge entdeckst, die dir jeden Tag in deiner Umwelt begegnen. Er druckte z. B. Suppendosen, Getränkeflaschen und Blumen auf bunte Hintergründe. Oftmals bearbeitete er das gleiche Bild mehrere Male mit unterschiedlichen Farben.

Bei seinen Blumenbildern entdeckst du gleiche Blumen in unterschiedlichen Farben.

Ich bin gespannt, wie du Andys Blumen blühen lässt.

© Nicole Joiner

Andys Blumen

Anregung zur Bildgestaltung sind die Blumenbilder des Pop-Art-Künstlers Andy Warhol, wie das Bild „Flowers Blau/Rot/Orange/Gelb" (s. Internet „Andy Warhol Flowers").

Alter: ab 5 Jahren
Material: pro Kind 1 Malpapier (DIN A3, 120 g/m²), Kreppklebeband, 1 Haarföhn, kleine und große Schwämme, Scheren, Wasserfarben, breite flache Borstenpinsel (Gr. 10); evtl. Wachsmalkreiden

Jeder kleine Künstler klebt auf seinen Arbeitsplatz ein DIN A3-Malpapier entlang der vier Blattkanten fest.

Die Kinder färben ihr Blatt mit einem wässrigen Farbauftrag ein (→ S. 25).

Ist dieser Arbeitsgang abgeschlossen, sollten alle Bögen etwas antrocknen. Hier kann mit einem Haarföhn nachgeholfen werden.

Die Kinder schneiden mit der Schere aus einem Schwamm eine Blüte oder ein Blatt, z. B. eine Tulpenblüte, eine Sonnenblumenblüte oder ein Kleeblatt. Diese Form dient anschließend als Druckstock.

Die Kinder befeuchten ihren Schwamm mit klarem Wasser und färben ihren Druckstock mit einem Borstenpinsel auf einer Seite deckend ein.

Jedes Kind legt seine eingefärbte Schwammblume auf seinen angetrockneten Malbogen, drückt sie leicht an und entfernt sie vorsichtig wieder.

Jetzt erscheint ein bunter Abdruck der Blume auf der Fläche.

Das wiederholt das Kind ein- oder zweimal, bis keine Farbe mehr aus dem Schwamm kommt.
Dann kann es die Schwammblume erneut einfärben und so lange drucken, bis es mit seinem Bild zufrieden ist.
Nachdem die Arbeiten gut getrocknet sind, werden die Kreppklebestreifen vorsichtig gelöst und eine Reihe bunter Blumenbilder à la Andy Warhol sind entstanden.

Variante ab 5 Jahren
Bevor die Kinder mit dem Einfärben ihres Malbogens beginnen, malen sie mit Wachsmalstiften Blumen auf das noch weiße Papier. Anschließend gestalten sie das Blatt wie oben beschrieben weiter.

Blätterschatten

Hier lernen die Kinder eine Technik kennen, bei der die Farbe statt mit dem Pinsel gemalt, mit einer Zahnbürste aufgespritzt wird.

Alter: ab 4 Jahren
Material: selbst gesammelte und gepresste Blätter (möglichst unterschiedlich und nicht zu klein), saugfähiges, weißes Malpapier (DIN A3), Wasserfarben, Zahnbürsten, Flüssigkleber; evtl. farbiges Tonpapier

Die Gruppe betrachtet die unterschiedlichen Formen der gesammelten Blätter.

Alle Kinder dürfen sich mehrere Blätter für die kreative Umsetzung dieser Idee aussuchen.
Jedes Kind fixiert mit Kreppklebeband ein Malpapier an seinem Platz.
Darauf arrangiert es ein Blatt oder mehrere Blätter. Mit einer Zahnbürste nimmt es möglichst dünnflüssige Wasserfarbe auf und spritzt sie über die Fläche, indem es mit dem Daumen über die Borsten streicht.
Das wird mehrmals, auch mit anderen Farben, wiederholt, bis eine deutlich sichtbare Farbschicht entstanden ist.

Erst dann werden die Blätter vorsichtig abgehoben und zum Trocknen zur Seite gelegt. Ein weißer Schatten der Blätter wird sichtbar.
In die trockene Arbeit kleben die Kinder einige der Blätter etwas versetzt in ihr Bild ein.
Da toben sich die Blätter zusammen mit ihren Schatten ganz schön aus.

Variante
Aus den bunt besprenkelten Resten der übriggebliebenen Blätter lässt sich auf farbigem Tonpapier ein fröhlicher Blätterreigen gestalten.

Bunte Wattetupfer

Ruckzuck werden aus weißen Wattepads fröhliche Farbtupfer.

Alter: ab 3 Jahren
Material: Wattepads, Wasserfarben, Haarpinsel, weißer Tonkarton (30 × 30 cm), Flüssigkleber

Mit Pinsel und Wasserfarben färbt jedes Kind mehrere Wattepads mit wässriger Wasserfarbe ein. Dem Farbgefühl sind dabei keine Grenzen gesetzt.
Sind die Pads getrocknet, bekleben die Kinder einen oder mehrere Tonkartonquadrate.
Da entstehen Ordnung oder Chaos, Flächen oder Berge, Linien oder Kreise.

Schneckenkönig

Die Windung des Schneckenhauses einer Weinbergschnecke dreht sich in der Regel rechtsherum. Sehr selten, durch eine Mutation entstanden, lassen sich aber auch Schneckenhäuser mit einer Linksdrehung im Grünen entdecken. Diese Tiere werden im Volksmund „Schneckenkönige" genannt.

Alter: ab 4 Jahren
Material: 1 Wellpappe (mind. 70 × 120 cm), Wattepads, Flüssigkleber, Wasserfarben, Borstenpinsel (Gr. 6 oder 8), flüssige Gouachefarben in den Grundfarben Gelb, Rot und Blau, breite Borstenpinsel

Auf einer großen Wellpappe lassen die Kinder mit vereinten Kräften eine Spirale für ein Schneckenhaus entstehen.

Ein Kind beginnt und legt in die Mitte der Spirale ein Wattepad.

Nacheinander legen die anderen Kinder jeweils ein Wattepad in Spiralform an, so dass ein großes Schneckenhaus entsteht.

Auf die gleiche Weise formen die Kinder den Schneckenkörper und die Fühler mit Wattepads.

Ist die Schnecke komplett, kleben flinke Kinderhände die Pads mit Flüssigkleber fest.

Jetzt kann die farbige Ausgestaltung der Schnecke beginnen. Dazu färben sie die einzelnen aufgeklebten Wattepads mit Wasserfarben ein.

Den Hintergrund gestalten die Kinder gemeinsam mit breiten Borstenpinseln und flüssiger Gouachefarbe farbig.

Ein wirklich prächtiger Schneckenkönig in seinem Element.

Hinweis: Es empfiehlt sich, von der Mitte aus zu beginnen, damit das Schneckenhaus schön rund wird und sich das Ergebnis im Prozess noch verbessern lässt.

In einem Garten grün und bunt,
da liegt ein Ding ganz dick und rund.
Es ist ein großer Schneckerich
mit einem wirklichen Gewicht.
Sein Schneckenhaus dreht sich nach links.
Ob das der Schneckenkönig ist?
© Dagmar Rücker

Gouachefarben

Gouachefarben sind wasserlöslich und deshalb gut für die kreative Arbeit mit Kindern geeignet. Farbpigmente werden unter Zusatz von Kreide fein gemahlen und mit einer Lösung aus Gummi-arabicum-Basis gebunden. Der Farbauftrag kann sowohl deckend als auch lasierend erfolgen. Trocken haben Gouachefarben eine samtene matte Oberfläche.

Getrocknete Farbe lässt sich mit Wasser wieder anlösen und eignet sich deshalb für Kinder auch als Aquarellmalfarbe.
Bilduntergründe sind vorwiegend Papier oder Karton. Es eignen sich aber auch Leinwand und andere textile Untergründe zum Malen mit Gouachefarben.

Expedition Gouachefarben

In dieser Aktion entdecken und erobern die Kinder das Experimentierfeld flüssiger Farbe. Sie erleben, wie schön schmierig die Farbe durch Hände rinnt oder an Schwamm und Rolle klebt.

Alter: ab 2 Jahren
Material: Malerabdeckfolie, breites Kreppklebeband, pro Kind 1 Bogen saugfähiges, festes Papier (DIN A1), Gouachefarben, Schwämme, Rollen

Die Kinder legen einen Bogen Papier auf den Boden. Sie wählen eine Farbe und spritzen diese aus der Flasche direkt auf das Papier. Mit Händen, Schwamm oder Rolle verteilen sie die Farbe auf dem Papier. Mit weiteren Farben dürfen sie munter matschen, schmieren und malen.
Das ist ein Farben-Spaß!

STECKBRIEF: Sam Francis

Der amerikanische Maler Sam Francis wurde 1923 in San Mateo, Kalifornien, geboren. Nach seiner Schulzeit studierte er von 1941 bis 1943 zunächst Botanik, dann Psychologie und Medizin an der University of California in Berkeley.

Im Zweiten Weltkrieg diente er von 1943 bis 1945 als Soldat bei der amerikanischen Luftwaffe, wo er bei einem Flugzeugabsturz eine schwere Wirbelsäulenverletzung erlitt. Während des langen Heilungsprozesses in unterschiedlichen Lazaretten und Krankenhäusern beschäftigte er sich eingehend mit Malerei.

Er kehrte schließlich geheilt an die Universität von Berkeley zurück, um dort Malerei und Kunstgeschichte zu studieren. Nach Ende des Studiums zog Sam Francis nach Paris. Dort wurde er mit der Technik bekannt, Farben in unterschiedlich starken Rinnsalen über Leinwände fließen zu lassen, die sich zu großen Farbklecksen vermischen.

Auf einer Weltreise besuchte er 1957 Japan und wurde von der asiatischen Malerei beeinflusst. Dort gestaltete er sein erstes großes Wandgemälde, dem in den nächsten Jahren weitere in Großstädten Europas und der USA folgten.

Sam Francis kehrte 1962 in die USA zurück und ließ sich in Santa Monica, Kalifornien nieder. Hier wandte er sich dem Action Painting zu, einer Kunstrichtung der modernen Malerei, bei der die Farbe mit dem Pinsel oder direkt aus Farbtöpfen und -behältern grob gemalt, geschüttet, getropft oder auf die Leinwand gespritzt wird.

Sam Francis zählt zu den bekanntesten Vertretern des Action Painting. Durch ihn wurde der Begriff in den 1970er Jahren weltbekannt. Sam Francis starb 1994 im Alter von 71 Jahren in Santa Monica.

„Action Painting" bedeutet übersetzt „Aktionsmalerei". Ohne bewusste Beeinflussung oder Planung des Gestalters wird die Farbe mit Pinseln, Farbrollen, direkt aus den Farbbechern oder auch mit Teilen des eigenen Körpers auf Malgrund gerollt, gegossen, getropft, gespritzt, getupft oder gestrichen. Das Bild entsteht allein durch den direkten, bewegten Farbauftrag des Malers. Es wird nichts verbessert – der Zufall gestaltet das Bild mit.

STECKBRIEF FÜR KINDER: Sam Francis

Sam Francis war ein Künstler, der gerne mit Farbe am Pinsel oder direkt aus dem Topf gespritzt, gematscht, geschüttet oder getropft hat. Er hat einfach eine leere Leinwand genommen und die Farben nach Lust und Laune darauf verteilt. Auch mit seinem ganzen Körper ist er über diese Bilder gerollt, um die Farben ineinander zu verteilen.

Wie Sam Francis wissen wir nie, was beim Arbeiten mit Action Painting am Ende entsteht – lassen wir uns einfach überraschen.

© Nicole Joiner

Action Painting

Endlich eine Aktion, bei sich die Kinder so richtig nach Herzenslust mit flüssiger Farbe austoben dürfen. Im Eifer des Gefechts werden dabei keine Flecken auf der Papierbahn und auch kein Körperteil farblos bleiben.

Alter: ab 3 Jahren
Material: Anschauungsmaterial zum Thema „Action Painting", Malerabdeckfolie, Malerabdeckpapier, breites Kreppklebeband, große Plastikbecher zum Farbenmischen, große Borstenpinsel oder Farbröllchen, Gouachefarben in den Grundfarben Gelb, Rot und Blau und Weiß, CD-Player, CDs mit rhythmischer Musik

Vorbereitung

Die Werkstattleitung räumt eine große Bodenfläche im Werkraum frei und legt den Boden zum Schutz mit Malerabdeckfolie aus. Die Schnittstellen verbindet sie mit Kreppklebeband und fixiert die Ecken. Auf dieser Fläche werden Bahnen des Malerabdeckpapiers ausgerollt, die Schnittstellen mit Kreppklebeband verbunden und die Ecken fixiert. So entsteht eine riesengroße Malfläche, auf der die Kinder sich nach Herzenslust austoben können.

Die Gruppe setzt sich im Kreis in die Mitte der großen Malfläche. Die Werkstattleitung stellt den Kindern Sam Francis vor, einen der Künstler, die Kunstwerke mit der Art des „Action Painting" (→ S. 36) geschaffen haben.

Jedes Kind rührt in einem Plastikbecher seine Lieblingsfarbe an. Die Gruppe achtet darauf, dass beim Farbenmischen möglichst viele unterschiedliche Farbtöne entstehen. Damit sich die Farbe gut spritzen lässt, sollte sie eine Konsistenz von Dosenmilch haben. Dazu wird die Mischung so lange mit Wasser verdünnt, bis das gewünschte Ergebnis erreicht ist. Die Mischergebnisse werden zusammen begutachtet und jedes Kind denkt sich einen passenden Namen zu seiner Farbkreation aus, z. B. Erdbeerrosa, Himmelblau, Grasgrün, Schwefelgelb, Sonnenblumengelb, Meerblau usw.

Nun kann das „Action Painting" beginnen. Mit einem schützenden Malerkittel, dem eigenen Farbbecher mit Pinsel und am besten barfuß suchen sich die Kinder einen Platz auf der großen Malfläche.

Die Werkstattleitung startet die Musik und die kleinen AktionsmalerInnen bewegen sich im Rhythmus der Musik über die Malfläche. Dabei spritzen sie mit ihrem Pinsel die Farbe über das Papier. Stoppt die Werkstattleitung die Musik, stehen alle still und tauschen ihre Farbe mit dem nächsten Nachbarn. Die Werkstattleitung kann auch jederzeit weitere Farben in das Aktionsfeld einbringen. Dann geht es nach dem Musikrhythmus lustig weiter, bis das ganze Papier bunt gestaltet ist.

Mit der Zeit werden auch Pinsel, Hände und Füße reizvolle Spuren auf dem Bodenbild hinterlassen.

Tupfenbilder

Tupfen für Tupfen ein echter Farbenspaß!

Alter: ab 4 Jahren
Material: pro Kind 1 grundierte Leinwand (30 × 30 cm), Gouachefarben, Teller zum Farbenmischen, kleine Schwämmchen, kurze runde Stöckchen

Jedes Kind sucht sich eine Gouachefarbe für den Hintergrund aus und erhält davon einen dicken Klecks auf einen Pappteller.

Mit einem kleinen Schwamm färbt es damit eine grundierte Leinwand komplett ein, auch die schmalen Seitenränder um die Ecken.
Ist der Hintergrund getrocknet, gestalten die Kinder ihr Bild mit Tupfen. Dazu stupfen sie unterschiedliche Farben in einem wilden Durcheinander oder einem erfundenen Muster mit einem kleinen Stöckchen auf die Leinwand auf.
Sind alle Bilder fertig und getrocknet, können sie zu einer Wandcollage zusammen aufgehängt werden.

Murmelpapier

Mit selbst gestalteten Papieren macht die kreative Umsetzung eigener Ideen viel Spaß.

Alter: ab 4 Jahren
Material: Unterteile großer Laternenschachteln, weißes Kopierpapier, Bleistifte, Scheren, Gouachefarben, Glasmurmeln

Mit dem Bleistift zeichnen die Kinder passende Kreisumrisse auf weißes Kopierpapier. Dafür nehmen sie eine halbe Laternenschachtel als Schablone.
Aus dem Kopierpapier schneiden sie die runden Flächen aus.
Im nächsten Arbeitsgang färben die Kinder jedes ihrer vorbereiteten Papierkreise individuell ein. Dazu legen sie jeweils einen der Papierkreise in ein unteres Teil der Laternenschachtel.
Die Werkstattleitung spritzt jedem Kind bis zu drei gewünschte Farben und eventuell Weiß hinein.
Jedes Kind erhält eine Glasmurmel und lässt diese so lange durch die Farbe in dem Schachtelbogen hin- und herrollen, bis das weiße Papier eingefärbt ist.
Das fertige Papier legen die Kinder zum Trocknen und beginnen mit einem neuen weißen Papier.
Der Vorgang wird so lange wiederholt, bis alle vorbereiteten weißen, runden Blätter eingefärbt sind.
Das Ergebnis ist immer wieder eine Überraschung.

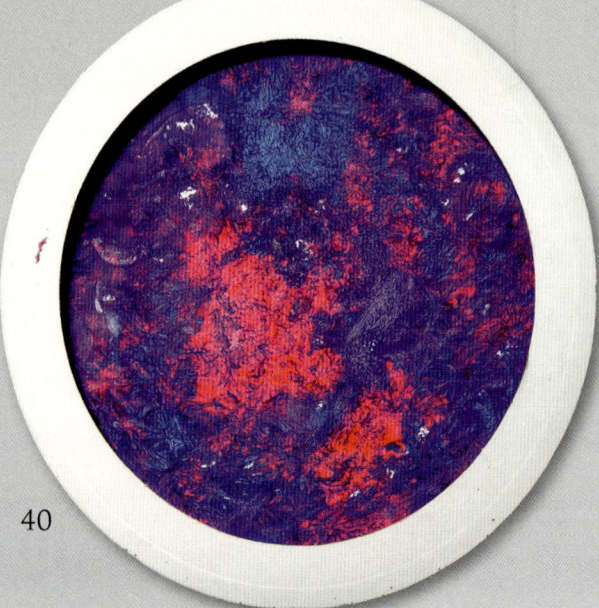

Farbräder

Nichtalltägliche Abfallstücke regen die Fantasie der Kinder an.

Alter: ab 3 Jahren
Material: runde Pappbehälter oder Spulen aus der Industrie (z. B. Papptrommeln, Abfall von Lötzinnrollen aus der Metallwerkstatt), Gouachefarben, Teller zum Farbenmischen, Pinsel in verschiedenen Stärken

Zwei oder drei Kinder finden sich in einem Malteam zusammen und bemalen eine Papptrommel mit flüssigen Gouachefarben nach Lust und Laune.
Die entstandenen Ergebnisse können an der Wand zu einer Wandgestaltung aufgehängt werden. Frei im Raum hängend oder auf dem Boden zu einer Skulptur gestapelt, sind die Papptrommeln ein echter Hingucker.

Farbscheiben

Matschen, Kratzen, Mischen – welch ein Spaß! Spielerisch lernen die Kinder, mit Spachtelmasse umzugehen, und erfahren, was passiert, wenn sich Farben vermischen.

Alter: ab 5 Jahren
Material: dicke Wellpappstücke (ca. 10 × 15 cm), Scheren, Plastikbecher zum Mischen, grobe Spachtelmasse, Gouachefarben, Holzstäbe zum Rühren (z. B. Essstäbchen), runde Malpappen (ø 40 cm)

Die Werkstattleitung stellt den Kindern die Spachtelmasse vor, indem sie ihnen ein paar Fragen stellt, z. B.:

- Mit welchen Werkzeugen lässt sich diese „Pampe" wohl am besten auf die Malfläche auftragen?
- Warum ist die Spachtelmasse so rau – gibt es auch andere?
(Weil z. B. Sand beigemischt wurde.)
- Lässt sich die Masse auch einfärben?
(Ja, mit Pigmenten oder flüssigen Gouachefarben.)

Jedes Kind bastelt sich einen Spachtel aus einem dicken Stück Wellpappe. Dazu schneidet es mit der Schere entlang einer langen Seite Zacken in die Wellpappe. Diese können rund wie Wellen, eckig oder spitz wie Zähne sein. Je nach Form sieht die Spachtelspur später anders aus.

Die Werkstattleitung füllt jedem Kind einen Becher mit etwa ⅔ Spachtelmasse und ⅓ Farbe. Die Menge soll reichen, um die ganze Malpappe ca. 1 cm zu bedecken.

Die Kinder erhalten den Auftrag, die Farbe mit einem Stab in ihrem Becher gut zu verrühren.

Mit ihrem vorbereiteten Pappspachtel verteilen die Kinder die angerührte Spachtelmasse ganz über ihre runde Malpappe. Dabei entstehen die ersten Kratzspuren.

Sind alle Scheiben gut bedeckt, werden die Pappspachtel weggelegt und jedes Kind nimmt seinen Stab zur Hand.

Die Werkstattleitung geht von Kind zu Kind und spritzt in die noch feuchte Strukturmasse kleine Mengen anderer gewünschter Farbtöne direkt auf die Scheibe der Kinder.

Mit den Stäben arbeiten die Kinder diese Farbspritzer in ihre Grundfarbe ein.

Auf ein Zeichen der Leitung wird der Malspaß beendet und jeder drückt sein Essstäbchen an einer beliebigen Stelle seiner Farbscheibe in die feuchte Farbe ein. Die feuchte Farbe wirkt auch hier wieder wie ein Kleber.

Hinweis: Es empfiehlt sich, vor dem Trocknen den Rand der Malpappe von überschüssigem Farbmaterial zu säubern.

STECKBRIEF: Ernst Litfaß

Der Berliner Ernst Litfaß suchte einen Weg, um für seine Druckerei in der Stadt zu werben. Er entwarf eine Säule, die überall in Berlin aufgestellt werden konnte und auf der sich immer wieder Plakate mit neuen Nachrichten aufkleben ließen. 1854 bekam er von der Stadt die Genehmigung und schon ein Jahr später wurden 100 Litfaßsäulen in Berlin aufgestellt und nach ihrem Erfinder benannt. Bis heute sind diese großen runden Werbeträger in unseren Städten zu entdecken.

© Dagmar Rücker

Litfaßsäule

Die Säule, die hier entsteht, ist nicht nur farbenfroh, sondern auch nützlich und lässt sich im Alltag zur Information aller gut einsetzen.

Alter: ab 3 Jahren
Material: Anschauungsmaterial zu Litfaßsäulen (z. B. Internet unter dem Stichwort „Litfaßsäule"), große Teppichröhre aus Pappe, Gouachefarben, flache Schalen zum Farbenmischen, starke Borstenpinsel, Zeitungen, breites Kreppklebeband, doppelseitiges Klebeband, Sprühlack

Die Werkstattleitung erzählt den Kindern von der Erfindung der Litfaßsäule (→ S. 43) und zeigt zur Anschauung einige Abbildungen. Alle diskutieren gemeinsam über den Nutzen und das Aussehen von Litfaßsäulen:

- Wer hat schon mal eine Litfaßsäule gesehen?
- Welcher Standort eignet sich für eine Litfaßsäule?
- Wie könnte eine Litfaßsäule aussehen, damit sie allen auffällt?
- Welche Neuigkeiten würde man an einer Litfaßsäule anbringen?

Mit Gouachefarben malen die Kinder die große Teppichröhre aus Pappe bunt und fröhlich an.
Während sie trocknet, formen sie aus Zeitungspapier eine Krone für die Säule. Sie fixieren einzelne Stücke mit Kreppklebeband aneinander und umwickeln mit Hilfe der Leitung die gesamte Krone. Dadurch wird sie fest und bekommt eine einheitliche Oberfläche. Wenn die Oberfläche richtig umwickelt wurde, saugt das Papier keine Farbe auf und bleibt trocken und stabil.
Die Kinder bemalen die Krone ebenfalls.
Zusammen mit der Werkstattleitung befestigen sie die Krone an der Litfaßsäule.
Schon ist ein toller transportabler „Eyecatcher" für die neuesten Nachrichten, Fotos und Bilder der Kinder entstanden.

STECKBRIEF: Lucio Fontana

Der Künstler Lucio Fontana wurde 1899 in Argentinien geboren. Sein Vater war Bildhauer. 1905 siedelte die Familie nach Mailand über, wo Lucio im Atelier seines Vaters mitarbeitete. Er reiste häufig zwischen seinem Heimatland Argentinien und Italien hin und her.

Nach seinem Studium in Mailand schloss er sich einer Künstlergruppe an. In dieser Zeit entstanden neben figurativen Plastiken auch Terrakotta-Reliefs und bemalte Gipstafeln.

Ab 1939 lehrte er an seiner privat gegründeten Akademie Altamira in Argentinien, bis er 1947 nach Italien zurückkehrte, wo er 1968 starb.

1949 entstanden in Mailand seine ersten Leinwände, die mit Löchern oder Schnitten geöffnet wurden. Lucio wollte dem Betrachter damit die Bildfläche öffnen, ohne die üblichen Gestaltungsmittel der Malerei zu gebrauchen.

Es folgten Leinwände, die mit Glassteinen besetzt wurden oder aber konkrete Erhebungen bildeten, um den Bildraum des Werkes in den realen Raum zu erweitern. Lucio Fontana bemalte darüber hinaus Leinwände monochrom, um sie aufzuschlitzen, oder er kombinierte Löcher und Schlitze mit dickflüssigen Farben, in die er Sand mischte. Mit seinen Schlitz- und Lochleinwänden zerstörte er bewusst die Bildträger und somit die klassischen Grundbedingungen der Malerei.

Fontana war vor allem Bildhauer, aber auch Maler, Erfinder, Keramiker, Lichtkünstler und Raumspezialist. Er gehört zu den wichtigsten Künstlern Italiens.

STECKBRIEF FÜR KINDER: Lucio Fontana

Lucio Fontana war ein Künstler, der in Argentinien und Italien lebte. Er durchlöcherte seine Leinwände oder schlitzte und schnitt sie mit einem Messer auf. Manchmal hat er diese Leinwände vorher mit einer einzigen Farbe bemalt. Bei einigen seiner Bilder hat er Farbe und Sand in die Löcher oder Schnitte geschmiert, oder Farbe wieder herausgekratzt. Er wollte damit erreichen, dass die Bilder durch die Schnitte, Schlitze und Löcher in den Raum „wachsen".

© Nicole Joiner

Biestbild

Der Besuch einer Ausstellung, in der auch Schnittbilder des Künstlers Lucio Fontana gezeigt wurden, regte zur eigenen Bildgestaltung an. Bei der gemeinsamen Bildbetrachtung war den Kindern schnell klar, dass nur ein „Biest" mit scharfen Krallen die Schnitte in die Leinwand gemacht haben kann.

Alter: ab 5 Jahren
Material: Anschauungsmaterial zum Künstler Lucio Fontana (z. B. Internet unter „Lucio Fontana, Bilder"), 3 große grundierte Leinwände (mind. 100 × 100 cm oder 120 × 70 cm), Malröllchen, große Pinsel, Schwämme, Plastikbecher zum Farbenmischen, flüssige Temperafarben in den Grundfarben (Gelb, Rot, Blau) und Weiß, Schneidemesser

Die Werkstattleitung stellt eine große Leinwand in die Mitte des Arbeitsplatzes. Die gesamte Gruppe versucht zu erraten, was dieses „Ding" in der Mitte wohl ist. Handelt es sich hierbei vielleicht um ein Fenster, ein Tablett, ein Segel?
Sie stellt den Kindern die Leinwand (→ S. 13–17, Materialvielfalt von A–Z) vor und erklärt ihnen, wie diese entsteht und wofür sie von Künstlern gebraucht wird. Sie erläutert den Kindern, auf welchen Malgründen noch gemalt werden kann, z. B. Papier, Pappe, Karton, Holz, Stein, Metall, Plastik und Teppich.
Die Kinder bilden drei Gruppen. Jede Gruppe entscheidet sich für eine Farbgruppe, z. B. rote, gelbe oder blaue Farbtöne. Die Werkstattleitung stellt jeder Gruppe eine Leinwand und die entsprechende Farbe zur Verfügung.
In einem Becher mischt sich jedes Kind einen eigenen Farbton der gewählten Farbgruppe. Die Ergebnisse werden zusammen begutachtet.
Jeder sucht sich eines der Malwerkzeuge aus, z. B. Malröllchen, Pinsel oder Schwämme, und postiert sich zusammen mit seiner gemischten Farbe um den jeweiligen Arbeitstisch.
Auf ein Zeichen der Leitung geht es mit dem Malspaß los. Alle stupfen ihr Werkzeug in die Farbe und verteilen diese kreuz und quer auf der Leinwand. Die Farben und Werkzeuge dürfen auch getauscht werden.
Sind alle Gruppen mit ihrem Ergebnis zufrieden, werden die Leinwände zum Trocknen aufgestellt.
Jetzt wird es spannend. Unter Aufsicht der Leitung schneiden oder stechen die Kinder wie der Künstler Fontana von hinten Schlitze und Löcher in die Leinwand.
Jedes Kind darf einmal das „Biest" sein und die Leinwand zerkratzen.
Es ist spannend zu sehen, wie unterschiedlich jeder seine Leinwände mit Löchern oder Schnitten bearbeitet hat!

Ein grünes Krokodil

Gefährliche Tiere finden Kinder immer wieder spannend. So natürlich auch Krokodile. Mit Begeisterung und großen Augen lauschen sie den Erzählungen der Erwachsenen.

Alter: ab 4 Jahren
Material: Bild und Buchmaterial zum Thema, evtl. 1 Krokodilhandpuppe, mehrere (je nach Anzahl der Kinder) gleichgroße Papp- oder Wellpappstücke (DIN A2), schwarzer Wachsmalstift, Gouachefarben, Plastikbecher zum Farbenmischen, starke Borstenpinsel

Die Werkstattleitung legt die großen Pappstücke zu einer langen Bahn auf dem Boden aus. Die Kinder setzen sich darum herum.
Unter Anweisung der Werkstattleitung legt sich ein Kind so auf das erste Pappstück, dass es mit seinen Armen und Händen das Maul und mit seinem Körper den Kopf eines Krokodils bildet.
Ein weiteres Kind legt sich auf dem nächsten Pappstück dazu und formt mit seinem Körper ein Stück des Tierkörpers.
Das nächste Kind legt sich daneben und so weiter, bis mehrere Kinderkörper das Tier inklusive des schmalen Schwanzendes (Beine und Füße eines Kindes) darstellen.
Ein Kind aus dem Kreis zeichnet mit einem Wachsmalstift die Umrisse des entstandenen Krokodils auf den darunter liegenden Pappkarton.
Ist das geschehen, stehen die Kinder wieder auf und setzen sich um die Bahn.
Jedes Kind erhält einen Becher und mischt darin mit zwei oder mehreren Farben seine „Krokodilfarbe" an.
Mit breiten Pinseln malen die Kinder das Krokodil an. Die Farben dürfen sich dabei treffen, vermischen und natürlich auch ausgetauscht werden.
Da Krokodile sich meistens im Wasser aufhalten, malen die Kinder die freien Stellen um den Tierkörper herum mit Blau aus.
Was fehlt dem Krokodil jetzt noch?
Einzelne Kinder malen dem Krokodil z. B. Augen, Zähne, Zunge oder Schuppen.
Zum Schluss wird von einem oder mehreren Kindern um das ganze Krokodil eine schwarze Kontur gezogen.
Achtung – da ist ja ein Riesenkrokodil entstanden!
Hinweis: Sind die Pappstücke beim Trocknen durcheinander geraten, macht das nichts. Zusammen lassen sie sich wie ein Puzzle wieder in die richtige Reihenfolge bringen.

Würfelbilder

Nicht immer, wenn ein interessantes Bild entstehen soll, müssen wir zuerst darüber nachdenken. Bei dieser Übung lassen wir dem Zufall freie Hand.

Alter: ab 6 Jahren
Material: pro Kind 1 Bogen Malpapier (DIN A3, mind. 90 g/m²), Malunterlagen, breites Kreppklebeband, Bleistifte, pro Kind 1 Würfel, Gouachefarben in den Grundfarben (Gelb, Rot, Blau), Weiß und Schwarz, Plastikbecher zum Farbenmischen, Borstenpinsel

Auf einer passenden Malunterlage klebt jedes Kind einen Bogen Malpapier rundherum entlang der Seiten fest.
Mit einem Bleistift teilt es freihändig seinen Bogen in große, unterschiedliche Felder ein, z. B. Dreiecke, Kreise oder andere Formen – alles ist möglich.
Jedem der entstandenen Felder ordnen die Kinder eine Zahl von 1 bis 6 zu, indem sie für jedes Feld eine Zahl erwürfeln und diese zur Erinnerung zart mit Bleistift in das Feld eintragen.
Dann mischt sich jeder aus den Gouachefarben sechs verschiedene Farbtöne in jeweils einem Plastikbecher. Diesen Farbtönen werden die Zahlen von 1 bis 6 zugeordnet.
Wie bei „Malen nach Zahlen" füllen die Kinder jedes Feld ihrer Vorzeichnung mit der entsprechenden Farbe aus.
Nach dem Trocknen lösen die Kinder die fertige Arbeit vorsichtig von der Malunterlage.
Der dabei entstehende saubere weiße Rand lässt die Arbeiten noch lebendiger wirken.
Wie der Zufall so spielt, sind alle entstandenen Arbeiten sehr individuell und einzigartig. Wer das nicht glaubt, stellt zum Vergleich auf die gleiche Weise mit dem Würfel und den gleichen Farben eine zweite Arbeit her.

Variante
Wer möchte, probiert an einer weiteren Arbeit aus, was passiert, wenn nicht der Zufall des Würfels, sondern jeder selbst entscheidet, welche Farbe welches Feld erhält. Auch hier zum Vergleich mit den gleichen Farbtönen arbeiten.

Blauer Stuhl

Ein einfacher Stuhl kann Kinder zu allerlei Spielideen anregen. In der Geschichte „Der blaue Stuhl" von Claude Boujon geht es den beiden Hunden, Herrn Klops und Herrn Schwärzlich, zum Vergnügen der Kinder ebenso.

Alter: ab 5 Jahren

Material: verschiedenfarbige Schwammtücher (pro Kind 1), Filzstifte, Scheren, farbiger Tonkarton (DIN A3), Gouachefarben, Plastikschälchen zum Farbenmischen, Borstenpinsel, Flüssigkleber, „Der blaue Stuhl" von Claude Boujon

Die Gruppe bildet einen Stuhlkreis. In der Mitte steht ein leerer Stuhl.

Die Werkstattleitung bittet die Kinder, darüber nachzudenken, was sich mit einem Stuhl alles machen lässt. Außer darauf zu sitzen, zu stehen oder davon herunterzuspringen, bietet ein Stuhl nämlich viele Möglichkeiten zum Spielen an. Jedes Kind stellt eine Idee vor und alle versuchen, diesen Vorschlag pantomimisch umzusetzen.

Sind alle Ideen dargestellt worden, zeigt die Werkstattleitung den Kindern die Bilder der Abenteuergeschichte von Herrn Klops und Herrn Schwärzlich und erzählt ihnen, wie die zwei Hunde eines Tages bei einem Spaziergang in der Wüste einen blauen Stuhl finden, der sie zu allerlei Abenteuerspielen anregt. Der Stuhl kann sich für sie z. B. in ein Flugzeug, Theater, Floß, Boot, Auto, Zelt, eine Hundehütte, Eisenbahn, Brücke oder einen Bus oder Kaufladen verwandeln. Man kann sich mit ihm auch, wie ein Dompteur im Zirkus, gegen wilde Tiere verteidigen. Nur Kamelinde, die zufällig in der Wüste auf die beiden Freunde trifft, kann damit gar nichts anfangen. Für Kamelinde, die eigentlich ein Dromedar ist und Dromelinde heißen müsste, sind Stühle ausschließlich zum Sitzen da. Für Herrn Klops und Herrn Schwärzlich ist das zu langweilig. Sie lassen Kamelinde auf dem blauen Stuhl in der Wüste sitzen und setzen ihren Spaziergang fort.

Um das Thema drucktechnisch umzusetzen, bekommt jedes Kind ein Schwammtuch. Darauf zeichnet es mit Filzstift so groß wie möglich die Umrisse eines Stuhls und schneidet diesen aus. Eine Druckschablone ist entstanden.

Die Druckschablonen färben die Kinder mit einer flüssigen Gouachefarbe auf einer Seite kräftig ein und drucken ihren Stuhl so lange auf einem Tonkarton ihrer Wahl ab, bis nicht mehr genügend Farbe abgegeben wird.

Diesen Vorgang wiederholen sie mehrmals, auch mit anderen Farbtönen. Dabei die Schablone nicht auswaschen, dadurch entstehen reizvolle Mischtöne.

Am Ende kleben die Kinder ihre Stuhlschablone an einer beliebigen Stelle in ihre Arbeit ein.

Wer möchte, darf aus den Schwammtuchresten auch noch Herrn Klops und Herrn Schwärzlich auf die gleiche Weise herstellen und in sein Bild einfügen.

In Null-Komma-Nix sind auf dem Papier die wildesten Stuhlgebilde entstanden.

Temperafarben

Die Pigmente von Temperafarben werden mit einer variierenden Wasser-Öl-Emulsion gebunden. Es wird zwischen Kasein-, Ei-, Stärke- oder (Wachs-) Seifentempera unterschieden. Künstlerisch sind nur die Ei- und die Kaseintempera von Bedeutung, da sie wasserlöslich sind. Temperafarbe, die mit Gummi-arabicum-Emulsion hergestellt wird, ist nach dem Trocknen unlöslich. Es wird zwischen fetter (Malmittel: Öl) und magerer Tempera (Malmittel: Wasser) unterschieden. Magere Tempera eignet sich für die Arbeit mit Kindern am besten, da sie nach dem Trocknen weiter überarbeitet werden kann. Diese Farben sind im Fachhandel fertig erhältlich. Getrocknete magere Temperafarben wirken puderig, pastellen. Der Auftrag eines Firnisses (Schutzschicht) verstärkt die Wirkung der Farben, sie werden kräftiger.

Hinweis: Temperafarben sind spröde und platzen auf flexiblen Bildträgern, z. B. Leinwänden oder Plastikfolien, ab. Auch eignen sich Kaseintemperafarben nicht für Bildträger aus Holz, da sie beim Trocknen eine hohe Oberflächenspannung entwickeln und sich die Arbeit verzieht. Aufgrund des Eigelbs oder des Kasein sind diese Farben nicht lange haltbar.

Temperafarben ausprobieren

Bei dieser Aktion werden die Kinder eingeladen, mit flüssiger Temperafarbe zu experimentieren und sie zu ergründen.

Alter: ab 3 Jahren
Material: pro Kind 1 Bogen buntes Tonpapier (DIN A2), Pappteller, Temperafarben, Borsten- und Haarpinsel, Zahnbürsten, Holzwäscheklammern

Jedes Kind wählt einen Bogen buntes Tonpapier aus. Auf einen Pappteller geben sich die Kinder zwei bis drei Kleckse Temperafarbe.
Nun geht das Experimentieren los. Ob mit Pinsel oder Bürste, die Farbe wird frei aufgemalt, verschmiert, gemischt usw.
Es können jederzeit eine weitere Farbe oder mehrere Farben aufgemalt und gemischt werden.
Die getrockneten Kunstwerke können mit Holzwäscheklammern an einer Leine reizvoll im Raum präsentiert werden.

aus. Je mehr Kreise geschnitten werden, desto mehr Schleuderbilder können entstehen.

In Plastikbechern rühren sie unterschiedliche Temperafarben mit ein wenig Wasser an.

Jedes Kind steckt einen ausgeschnittenen Papierkreis mit einer Stecknadel auf einem Wellpappkreis fest und legt ihn in die Salatschleuder.

Mit einem Löffel träufelt es eine oder zwei Farben auf den Papierkreis, legt den Deckel auf die Schleuder und los geht's – es wird kräftig an der Schleuder gedreht.

Öffnen die Kinder die Schleuder und das entstandene Schleuderbild gefällt ihnen, legen sie es zum Trocknen aus. Sie können jedoch auch eine oder mehrere weitere Farben aufträufeln und nochmals schleudern.

Gut geschleudert

Was hat eine Salatschleuder mit Temperafarben zu tun, ist der Salat nicht schon grün genug? Dieser Frage gehen wir hier auf den Grund.

Alter: ab 3 Jahren
Material: Salatschleuder, Wellpapp-Karton, weißes Papier (DIN A4), Stecknadeln, Temperafarbe, Plastikbecher zum Farbenmischen, Löffel

Vorbereitung
Die Werkstattleitung fertigt aus Wellpappkarton Kreise, die in den Korb der Salatschleuder hineinpassen und von den Kindern als Schablone zum Zuschneiden der runden Papiere und als Unterlage beim Schleudern genutzt werden können.
Die Kinder zeichnen mit den Schablonen aus Wellpappe Kreise auf ihr Papier und schneiden diese

STECKBRIEF: Niki de Saint Phalle

Niki de Saint Phalle wurde 1930 im Pariser Vorort Neuilly-sur-Seine geboren und wuchs in New York auf. Die Reise ihres Lebens brachte sie zurück nach Europa. Sie arbeitete in der Schweiz, in Frankreich, in Israel, in Italien und zuletzt in Kalifornien.

Die Geschichte ihrer künstlerischen Karriere begann nach einem psychischen Zusammenbruch in ihrer jungen Ehe und als junge Mutter von zwei Kindern. In der Nervenheilanstalt startete sie ihre ersten Versuche, sich mit Kunst auszudrücken.

Mit ihren Schießbildern, weiße Materialobjekte mit eingearbeiteten Farbbeuteln, auf die geschossen wurde, machte sie als Aktionskünstlerin 1956 auf sich aufmerksam. In ihnen verarbeitete sie ihren Zorn auf die Männer in ihrem bisherigen Leben.

Ab 1964 entstanden ihre „Nanas". Darin stellt sie Frauenfiguren mit betont üppigen und runden Formen dar. Zu Beginn fertigte sie diese aus Draht und Textilien, später aus Polyester, welche sie bunt bemalte. Mit ihren „Nanas" wurde Niki de Saint Phalle weltberühmt.

1979 begann sie mit dem Gestalten eines Geländes in der Toskana. Hier entstand mit Hilfe von Freunden und Kollegen innerhalb von 15 Jahren der Tarotgarten mit Skulpturen – angeregt durch barocke Gärten in der Toskana und durch Tarotkarten –, die bewohnt und begangen werden können. 1996 wurde der Garten erstmals für das Publikum geöffnet und ist seitdem zu einer großen touristischen Attraktion geworden. Während noch an der Vollendung des Tarotgartens gearbeitet wurde, wendete sich Niki de Saint Phalle kleineren, persönlicheren Projekten zu. Sie illustrierte Aufklärungsbücher und schrieb an einer Biographie. 1994 kehrte sie auf ärztlichen Rat in das milde pazifische Klima von Südkalifornien zurück, wo sie 2002 starb.

STECKBRIEF FÜR KINDER: Niki de Saint Phalle

Die Künstlerin Niki de Saint Phalle war als junge Frau sehr wütend auf Männer in ihrem Leben. Aus dieser Wut heraus entwickelte sie so genannte Schießbilder. Sie befestigte gefüllte Farbbeutel z. B. auf Leinwänden und schoss dann darauf. Sobald die Farbbeutel explodieren, verteilt sich die Farbe auf die Leinwand.

© Nicole Joiner

Ran an die Farbpistolen

Es ist spannend zu beobachten, wie Kunstwerke nach der Arbeitsweise von Niki de Saint Phalle entstehen und wie sich die Farbe mischt und überall verteilt. Schauen wir mal, wie gut ihr bei unseren Schießbildern zielt!

Alter: ab 3 Jahren
Material: 1 Pavillon mit 3 Seitenwänden, feste Plane, Einwegplane, Tisch, Staffeleien, Wasserpistolen, flüssige Temperafarben, PET-Flaschen oder leere Putzmittelflaschen, Trichter, Pappteller, Wäscheklammern, weißes Papier (DIN A2)

Vorbereitung

Die Werkstattleitung stellt den Pavillon auf und schließt ihn an drei Seiten mit Wänden. Sie legt eine weitere feste Plane im Pavillon auf dem Boden aus. Der Tisch, die Staffeleien und die Wände hängt sie mit Einwegplane ab.

Jedes Kind füllt eine Putzmittel- oder PET-Flasche zur Hälfte mit Wasser und zur Hälfte mit Temperafarbe und schüttelt diese gut durch. Mit dem Trichter werden die Farben in die Wasserpistolen gefüllt und auf Pappteller auf den Tisch gelegt.
Wenn alle Pistolen befüllt sind, kann es losgehen. Das Kind, das an der Reihe ist, klemmt auf einer Staffelei einen Bogen weißes Papier fest, tritt hinter den Tisch und zielt mit den Farbpistolen auf das Papier. Es kann wild drauflosgeschossen oder auch gezielt werden.
Beginnt das Papier sich zu wellen, ist genug Farbe aufgeschossen worden, und das Bild kann zum Trocknen ausgelegt oder aufgehängt werden.

Blatt für Blatt

Welches freche Blatt ist denn da direkt auf das Bild gesegelt?

Alter: ab 5 Jahren
Material: pro Kind 1 Bogen festes weißes Papier (DIN A2), Holzbretter oder feste Pappen als Unterlage, Kreppklebeband, Staffeleien (falls vorhanden), flüssige Temperafarben, Pinsel, getrocknete Blätter

Jedes Kind klebt einen Bogen weißes festes Papier rundherum mit Kreppklebeband auf einem Brett oder einer Pappe fest. So kann sich die Arbeit nicht verziehen und das Bild hat nach dem Trocknen einen sauberen Rand.

Die Kinder bemalen das Papier komplett mit Temperafarbe. Es sollte kein Stück des weißen Papiers mehr zu sehen sein.

Auf die noch feuchte Farbe drücken sie ein oder mehrere getrocknete Blätter auf, die bunt bemalt werden können – Blatt für Blatt.

Gemeinsam betrachten die Kinder, welche unterschiedlichen „Blaus" entstanden sind.
Die Kinder bemalen die Innenseite eines Schuhkartondeckels in den unterschiedlichen Blautönen. Dabei tauschen sie die Becher mit den selbst gemischten Farben immer wieder untereinander aus.

Variante
Ist der Deckel trocken, können die Kinder blaue Gegenstände im Atelier sammeln und in ihr Werk einkleben.

Es grünt so grün ...

... wenn tief im Dschungel die prächtigen Palmen, Farne und exotischen Sträucher ihre riesigen Blätter der Sonne entgegenstrecken. Sie strahlen in den unterschiedlichsten fantastischen Grüntönen.

Auf der blauen Insel ...

... gibt es die unterschiedlichsten Dinge in den unterschiedlichsten blauen Farben. Welche blauen Farben kennst denn du?

Alter: ab 3 Jahren
Material: pro Kind 1 Schuhkartondeckel, flüssige blaue Temperafarben, Pinsel, Plastikbecher zum Mischen; kleine blaue Gegenstände zum Einkleben

Jedes Kind gibt in einen Becher blaue Temperafarbe. Es mischt ein bis drei weitere Farbkleckse hinzu und rührt kräftig.

Alter: ab 4 Jahren
Material: pro Kind 1 Bogen festes, weißes Papier (DIN A2), Holzbretter oder Pappen als Unterlage, Kreppklebeband, flüssige Temperafarben in Weiß, Gelb und Blau, Plastikbecher zum Farbenmischen, Pinsel

Jedes Kind klebt einen Bogen Papier rundherum mit Kreppklebeband auf einer Pappe oder einem Brett fest. So kann sich die Arbeit nicht verziehen und das Bild hat nach dem Trocknen einen sauberen Rand.
Auf einem Tisch mischen die Kinder aus den Temperafarben Gelb und Blau unterschiedliche Grüntöne an. Mit weißer Temperafarbe hellen sie einige der entstandenen Grüntöne noch etwas auf.
Jedes Kind bemalt seinen Bogen Papier mit all den Grüntönen zu einem dichten, undurchdringbaren Dschungel.
Auf diesen Untergrund malen die Kinder mit weiteren Grüntönen Pflanzen des Dschungels.

Prächtiges Gehäuse

Frau Schnecke hat sich zu ihrem Geburtstag prächtig herausgeputzt. Ihr Haus strahlt und schillert in den „schneckigsten" Farben.

Alter: ab 4 Jahren
Material: pro Kind 1 Bogen festes weißes Papier (mind. 40 × 40 cm), pro Kind 1 schwarze Wachsmalkreide, Plastikbecher zum Farbenmischen, flüssige Temperafarben, Borsten- und Haarpinsel

Jedes Kind erhält einen Bogen weißes Papier und eine schwarze Wachsmalkreide. Mit der Wachsmalkreide zeichnet es eine Spirale auf seinen Bogen, die das Schneckenhaus darstellen soll.
Die Kinder geben eine oder mehrere Temperafarben in Plastikbecher.
Jedes Kind malt mit vielen Farben sein Schneckenhaus kunterbunt an.

Farbspiralen

Jede Farbe kann heller oder dunkler sein. Wir werden herausfinden, wie wir eine Farbe aufhellen können.

Alter: ab 5 Jahren
Material: pro Kind 1 Bogen weißes Papier (mind. 40 × 40 cm), pro Kind 1 Bleistift, flüssige Temperafarben, Pappteller

Jedes Kind zeichnet mit dem Bleistift von der Mitte des Blattes nach außen eine Spirale.
Es wählt eine Temperafarbe aus und gibt davon einen Klecks auf einen Pappteller. Mit dieser Farbe malt es die Mitte der Spirale aus.
Dann gibt es etwas Weiß zu der Farbe auf dem Pappteller – die Farbe wird heller. Mit diesem helleren Ton malt es ein weiteres Stück der Spirale aus. Diesen Vorgang wiederholen die Kinder, bis die gemischte Farbe weiß und ihre Spirale komplett ausgemalt ist.

Farben-Misch-Masch

Heute sind wir Farberfinder. Durch Misch und Masch lassen wir die tollsten Farben entstehen.

Alter: ab 5 Jahren
Material: pro Kind 1 Bogen festes, weißes Papier (DIN A2), pro Kind 1 schwarze Wachsmalkreide, flüssige Temperafarben, Pappteller zum Farbenmischen, Pinsel

Jedes Kind legt einen Bogen weißes, festes Papier auf seinem Arbeitsplatz aus.

Mit einer schwarzen Wachsmalkreide malen die Kinder Striche und Wellen auf ihr Papier, sodass viele Felder entstehen.

Auf einem Pappteller mischen sich die Kinder aus zwei oder mehreren Farbnuancen eine Farbe, mit der sie ein oder mehrere Felder ausmalen.

Sie wiederholen dies so lange, bis alle Felder ausgemalt und viele neue Mischfarben entstanden sind.

Hinweise:
- Felder, die bis zum Blattrand reichen, werden bis zum Rand gemalt.
- Ein weißer Hintergrund auf Bildern kann mit einer Farbe ausgestaltet werden.

Kontrast-Reich

Im Reich der Kontraste lernen die Kinder kontrastreiche Farbenpaare kennen, die sich gegenseitig zum Strahlen bringen.

Alter: ab 5 Jahren
Material: Farbkreis (→ S. 12), pro Kind 1 Bogen weißes, festes Papier (DIN A3), pro Kind 1 Bleistift, Holzbretter oder Pappen zum Festkleben, Kreppklebeband, flüssige Temperafarben, Pinsel

Zum Einstieg spricht die Werkstattleitung mit den Kindern über den Komplementärkontrast (→ S. 12) und alle betrachten auf dem Farbkreis die zugehörigen Komplementärfarben.
Jedes Kind wählt einen der Kontraste für sich aus: Rot – Grün, Gelb – Lila oder Blau – Orange.
Jedes Kind klebt einen Bogen Papier auf einer Pappe oder einem Brett rundherum mit Kreppklebeband fest. So kann sich die Arbeit nicht verziehen und das Bild hat nach dem Trocknen einen sauberen Rand.
Mit einem Bleistift unterteilen die Kinder ihr Papier durch Linien in mehrere Felder.
Diese Felder malen sie mit den beiden Komplementärfarben an.
Betrachtet man das Bild nach dem Trocknen, wirkt es, als wäre es lebendig.

Tortenwunder

Anlässlich des 50. Geburtstages unseres Kindergartens wollten wir leckere Torten herstellen – aber der Backofen war kaputt. Wer hat eine rettende Idee?

Alter: ab 5 Jahren
Material: Backbuch, pro Kind 1 Bogen weißes Tonpapier (DIN A2), flüssige Temperafarben, buntes Tonpapier, Zahlenschablonen, Glitzer-Streudekoration

Die Kinder betrachten im Backbuch Torten. Wie viele Stockwerke und welche Farben kann eine Torte haben? Wie schmecken die Farben und können wir selbst neue Geschmacksfarben herstellen?

Die Kinder erhalten einen Bogen Papier und beginnen mit einer Farbe das erste Stockwerk ihrer Torte zu malen.
Darauf setzen sie das zweite Stockwerk mit einer neuen Farbe usw. Jedes Kind entscheidet selbst, wie viele Stockwerke seine Torte haben soll.
Ist die Torte fertig gemalt, wird der Hintergrund farbig ausgemalt.
In der Zeit des Trocknens zeichnen die Kinder aus Tonpapier die Geburtstagszahl 50 mit Hilfe der Schablonen auf und schneidet sie aus.
Die getrockneten Torten werden zum Schluss mit den Zahlen und der Glitzer-Dekoration beklebt und bunt ausgestaltet.
Guten Appetit!

Zeichnen

Beim Zeichnen setzen die Kinder Sichtbares und Erlebtes mit Stiften oder Kreiden um. Im Mittelpunkt stehen dabei immer Punkte und Linien, die auch zu Flächen verbunden werden können.

Kohle

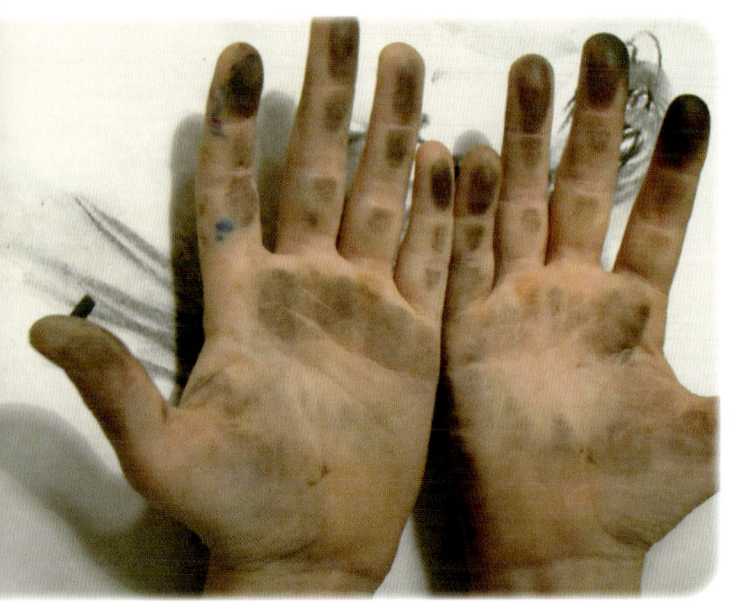

Zeichenkohle in jeglicher Form haftet nur schlecht auf dem Maluntergrund. Deshalb muss die Kohlezeichnung auf jeden Fall mit einem Fixativ haltbar gemacht werden. Zeichenkohle hinterlässt beim Zeichnen kräftige Striche, die sich mit dem Finger verwischen lassen. Schwarze Flächen können mit einem Knetgummi wieder aufgehellt werden.

Experimentieren mit Kohle

Jeder kennt Kohle vom Grillen im Sommer und Heizen im Winter, aber kann man mit Kohle auch zeichnen? Mit Händen und Füßen stürzen sich die Kinder in das schwarze Abenteuer.

Alter: ab 3 Jahren
Material: Makulaturpapier (→ S. 13–17, Materialvielfalt von A–Z), Zeichenkohle, Wattebäusche, Wattestäbchen

Die Kinder schneiden sich ein großes Stück vom Makulaturpapier ab und legen es auf ihren Arbeitsplatz.
Jedes Kind erhält ein Stück Zeichenkohle. Los geht es mit dem Experimentieren.

Dabei entdecken die Kinder, wie unterschiedlich sich Kohle auftragen lässt, z. B. dünne und dicke Striche, kleine und große Punkte sowie zarte und kräftige Flächen.
Mit den Händen, einem Wattebausch oder Wattestäbchen besteht die Möglichkeit, die Kohlespuren zu verschmieren und zu verwischen.

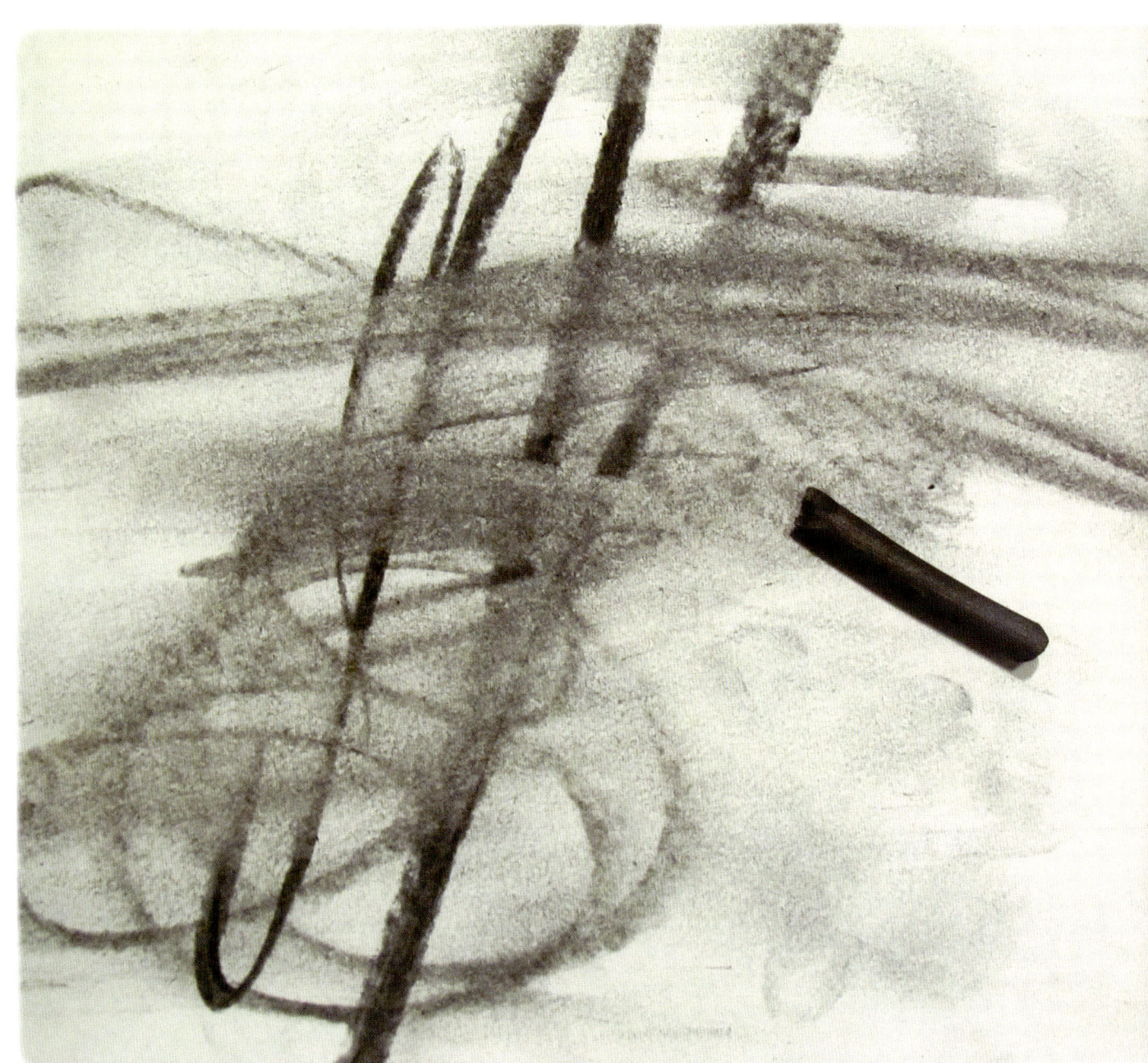

Höhlenbilder

Habt ihr schon einmal in einem Museum Zeichnungen unserer Vorfahren gesehen. Was wollten sie uns darauf mitteilen?

Alter: ab 5 Jahren
Material: Infomaterial zu Höhlenzeichnungen (http://www.seilnacht.com/Lexikon/Hoehlen.htm), 1 lange Bahn Makulaturpapier (ca. 3 m), Klebeband, Zeichenkohle, Fixativ

Zum Einstieg spricht die Werkstattleitung mit den Kindern über Höhlen und Zeichnungen, die darin gefunden wurden. Die Kinder betrachten auf Bildern Höhlenzeichnungen und rätseln, was die Menschen mit diesen Zeichnungen mitteilen wollten. Gemeinsam kleben alle die lange Bahn Makulaturpapier an einer Wand fest.
Mit Kohle zeichnen die Kinder nun eigene Ideen zu Höhlenmalereien auf die Papierwand.
Am Ende raten alle gemeinsam, was jedes Kind mit Kohle gezeichnet hat.
Hinweis: Die Papierbahn mit Fixativ fixieren, um sie haltbar zu machen, am besten bei geöffnetem Fenster oder im Freien.

Schau in dein Gesicht

Punkt, Punkt, Komma, Strich, fertig ist das Mondgesicht ... so leicht ist es dann doch nicht, das eigene Gesicht zu zeichnen.

Alter: ab 4 Jahren
Material: pro Kind 1 Spiegel, pro Kind 1 Blatt weißes Papier (DIN A4), Kohle, Fixativ

Die Kinder wählen einen Arbeitsplatz und legen sich Spiegel, Papier und Kohle zurecht.
Jedes Kind betrachtet sich genau im Spiegel. Die Werkstattleitung inspiriert die Kinder durch Fragen, genau hinzusehen:
- Welche Form hat mein Kopf, haben meine Augen?
- Wo genau in meinem Gesicht ist meine Nase?
- Auf welcher Höhe befinden sich meine Ohren?

Es gibt unendlich viele Fragen, um Kinder zum genauen Betrachten anzuregen.
Mit Kohle zeichnen die Kinder ihr Gesicht auf das Papier.
Anschließend können sie mit den Fingern die Kohle an gewünschten Stellen verschmieren.
Ist das Selbstporträt abgeschlossen, sollte jede Zeichnung fixiert werden, am besten bei geöffnetem Fenster oder im Freien.

Feuerwerk

Am Nachthimmel sehen wir ein Feuerwerk bekanntlich am besten. Die Kinder bringen eigene Beobachtungen mit ein und erfahren, wie aus schwarzer Zeichenkohle ein dunkler Nachthimmel geschaffen wird.

Alter: ab 4 Jahren
Material: pro Kind 1 Bogen glattes, weißes Papier (DIN A3, 120 g/m²), Sprühfarben (auf Wasserbasis), breites und schmales Kreppklebeband, dicke Zeichenkohle, Fixativ

Vorbereitung
Die Werkstattleitung sprayt für jedes Kind einen DIN-A3-Bogen mit verschiedenfarbigen Sprühfarben ein und lässt sie an einem luftigen Ort trocknen.

Die Kinder sprechen zusammen mit der Werkstattleitung über ein Feuerwerk. Haben sie selbst schon einmal eines gesehen? Welche Formen zaubert ein Feuerwerk am Himmel?

Jedes Kind wählt eines der vorbereiteten Blätter, legt es auf den Arbeitsplatz und klebt es mit dem breiten Kreppklebeband entlang der vier Seiten fest. Aufgabe der Kinder ist es, schmale Kreppklebebandstreifen auf das Arbeitsblatt zu kleben. Es sollen dabei Formen entstehen, wie sie bei einem Feuerwerk am Himmel erscheinen, z. B. Sterne, Blitze, Strahlen usw.

Die Werkstattleitung erklärt, woraus Zeichenkohle gemacht wird und wie sie von Künstlern verwendet wird (→ S. 64). Sie gibt jedem ein dickes Stück Zeichenkohle.

Die Kinder probieren die Kohle auf ihrem Arbeitsblatt aus. Mit viel Spaß färben sie ihr Arbeitsblatt mit der Zeichenkohle ganz dick schwarz ein.

Sind sie mit dem Ergebnis zufrieden, übersprüht die Werkstattleitung die Kohleflächen mit Fixativ, damit sich der Nachthimmel nicht gleich wieder auflöst, am besten bei geöffnetem Fenster oder im Freien.

Jetzt kommt die Überraschung! Vorsichtig ziehen die Kinder die Kreppklebestreifen von ihrer Arbeit ab.

Unter Ah und Oh erscheinen die farbenprächtigsten Feuerwerke.

Süße Früchte

Jeder hat sein Lieblingsobst, z. B. Äpfel, Birnen, Orangen, Bananen, Pfirsiche, Aprikosen, Kirschen, Kiwi, Mango, Erdbeeren, Ananas, Himbeeren, Trauben, Stachelbeeren, Pflaumen, Johannisbeeren, Melonen – jedem wie es ihm gefällt.

Alter: ab 6 Jahren
Material: verschiedenes Obst zur Anschauung, pro Kind 1 Bogen Zeichenpapier (DIN A3), Zeichenkohle, Fixativ

Zusammen betrachtet die Gruppe die verschiedenen Früchte:

- Welche Form hat das Obst?
- Welche Oberfläche?
- Hat die Frucht z. B. einen Stiel oder noch ein Blatt?
- Kennen die Kinder noch andere Obstsorten, können sie sie beschreiben?

Jedes Kind entscheidet sich für ein Lieblingsobst und zeichnet mit Zeichenkohle zuerst den Umriss auf seinem Zeichenbogen auf, z. B. einen Riesenapfel oder mehrere kleine Früchte, so dass das Format ausgenutzt wird.

Um eine interessante Oberfläche zu bekommen, verwischt es die Zeichenkohle mit dem Finger.

Immer wieder schauen sich die kleinen Künstler die Oberfläche genau an. Gibt es helle und dunkle Flecken, hat die Haut kleine Härchen oder kleine Samenkörner? Durch Wegwischen und wieder Auftragen oder verstärkten Auftrag lassen sich diese Details mit der Zeichenkohle darstellen.

Zum Schluss fixiert die Werkstattleitung die Zeichnungen, am besten bei geöffnetem Fenster oder im Freien.

Mmm – das sieht lecker aus! Jetzt wird das (echte) Obst gekostet.

Mauermäuse

Zwischen den Steinen der alten Steinmauer hinten im Garten hören unsere Ohren es immer wieder Knuspern und Rascheln. Unsere Augen sehen bunte Schatten hin und her huschen und kleine dunkle Knopfaugen lugen aus Steinlöchern heraus. Was ist denn hier los? Ob das unsere Mauermäuse sind?

Alter: ab 5 Jahren
Material: pro Kind 1 Bogen Zeichenpapier (DIN A3), Zeichenkohle, Fixativ, bunte Tonpapierreste, Wolle, Flüssigkleber

Auf ihrem Bogen Papier „bauen" die Kinder eine Mauer. Dazu zeichnen sie mit der Zeichenkohle zuerst die Steinumrisse. Stein an Stein, Stein auf Stein, entsteht eine große Mauer.
Sie färben die gesamte Steinmauer mit Zeichenkohle ein. Mit den Fingern verreiben sie die Zeichenkohle zu vielen Grautönen. Verschwundene Umrisslinien der Steine ziehen sie mit der Kohle wieder nach.

Die Werkstattleitung besprüht das fertige Mauerbild mit Fixativ, am besten bei geöffnetem Fenster oder im Freien.
Die Kinder gestalten aus bunten Tonpapierresten ihre Mauermäuse.
Ohren, Augen, Nase und ein Schwanz aus Wolle dürfen am Körper der Maus nicht fehlen.
Zum Schluss klebt jedes Kind seine Maus in sein Mauerbild ein.
Seht ihr die bunten Mauermäuse huschen?

Farbstifte

Im Handel sind Farbstifte in unterschiedlichen Qualitäten, Stärken und vielen Farben erhältlich. Achten Sie darauf, dass die Farbstifte besonders bruchsicher sind. Spezielle Multitalent-Stifte, z.B. „Woody 3 in 1" – Buntstift, Wassermalfarbe und Wachsmalkreide in einem – sind perfekt für fast alle Zeichentechniken. Da sie sich, wie Aquarellfarbstifte, mit Wasser und Pinsel vermalen lassen, eignen sie sich sogar für Aquarelltechnik. Wegen ihres Umfangs sind sie für Kinderhände gut zu greifen. Sie haben eine hohe Deckkraft und Farbintensität, mit ihnen lässt sich auch auf dunklem Papier, glatten Oberflächen wie Glas, Metall oder Leder zeichnen.

Meine Familie und ich

Egal, wie sie sich zusammensetzt, für Kinder ist ihre Familie der Mittelpunkt ihres Lebens. Deshalb ist sie auch immer wieder ein wichtiges Thema zum Zeichnen und kreativen Gestalten.

Alter: ab 3 Jahren
Material: Zeichenpapier, Buntstifte

Die Kinder erhalten die Aufgabe, ein Bild zu zeichnen, in dem alle Personen ihrer Familie abgebildet sind. Anlass könnte ein Fest, eine Feier oder ein besonderes Ereignis in der Familie sein.

Experimentieren mit Aquarellstiften

Hier wird das erste Mal mit diesen tollen Stiften experimentiert. Beim Ausprobieren bekommen die Kinder ein Gefühl dafür, wie sich Papier, Wasser und Aquarellfarbe verhalten und welche Effekte sich mit Salz erzielen lassen.

Alter: ab 5 Jahren
Material: feste Malunterlagen, Aquarellpapier, Kreppklebeband, dicke wasserlösliche Farbstifte (z. B. Woody 3 in 1), Haar- und Borstenpinsel; evtl. Salz

ihren Aquarellcharakter. Stößt z. B. ein feuchter Pinselstrich auf einen zweiten, verfließen die Farben miteinander zu neuen Farbtönen. Bleibt der Pinselstrich auf einer trockenen Stelle stehen, entsteht ein scharfer Farbrand. Schöne Ergebnisse lassen sich auch erzielen, wenn die Kinder in eine feuchte oder nasse Stelle direkt mit dem trockenen Stift hineinarbeiten.

Variante
Auf eine feuchte Fläche aufgestreutes Salz lässt Kristallstrukturen entstehen.

Jedes Kind klebt ein Aquarellpapier an allen Seiten entlang auf seine Malunterlage.
Die Kinder dürfen ihr Blatt frei mit den Stiften gestalten. Die Farbe kann kräftig und leicht aufgetragen werden. Die Flächen müssen dabei nicht deckend flächig ausgestaltet werden, das geschieht erst beim nächsten Arbeitsschritt.
Sind die Kinder mit ihrer Gestaltung zufrieden, können sie beginnen, die Zeichnung mit einem nassen Pinsel weiter zu bearbeiten. Dabei lösen sich die Farbpigmente im Wasser, die Zeichnung erhält

Quadratisch, bunt und gut

Zettelblöcke faszinieren schon die Kleinsten. Dieser unendlich groß erscheinende Block von aneinander klebenden Quadraten lädt förmlich zum Abreißen und Bemalen ein.

Alter: ab 3 Jahren
Material: quadratische Zettelblöcke, sehr dicke wasserlösliche Farbstifte (z. B. Woody), feine Pinsel, Tonpapierbögen (DIN A4), Flüssigkleber

Jedes Kind bemalt mit dicken wasserlöslichen Farbstiften eine Anzahl von Zetteln auf den Blöcken. Ob Gegenständliches oder Striche, Flächen, Muster und Ornamente gemalt werden, ist unwichtig. Die bemalten Zettelblöcke werden mit Wasser und Pinsel übermalt und zum Trocknen ausgelegt. So werden sie zu kleinen Aquarellkunstwerken.
Jedes Kind wählt sich nun einen bunten Tonpapierbogen, auf welchen es die trockenen Zettelblockwerke aufklebt.

Werden alle Werke aneinandergehängt, entsteht eine riesige Zettelblock-Collage.

Bunte Post

Trari, trara, die Post ist da! Wer freut sich nicht über prächtige, bunte Kuverts mit einem lieben Brief darin.

Alter: ab 3 Jahren
Material: weiße Briefumschläge in unterschiedlichen Größen und Formen, dicke wasserlösliche Farbstifte (z. B. Woody), Haarpinsel

Jedes Kind sucht sich einen Briefumschlag aus. Mit den Stiften werden diese Umschläge auf beiden Seiten bunt bemalt. Ob kreuz und quer, mit Mustern oder einem Bild, den kleinen Künstlern sind hier keine Grenzen gesetzt.
Wer möchte, kann die bemalten Flächen mit einem Pinsel und Wasser übermalen.
Gefüllt mit einem Brief heißt es: „Trari, trara, die bunte Post ist da!"

Verwandelte Buchstaben

Aus einem Buchstabensalat angelt sich jedes Kind seinen Anfangsbuchstaben und verwandelt diesen – Simsalabim, was wird wohl daraus?

Alter: ab 5 Jahren
Material: Wellpappstücke aus alten Verpackungen (DIN A4), Ölpastellkreiden, Scheren, Zeichenpapier (DIN A3, 120 g/m²), Flüssigkleber, dicke wasserlösliche Farbstifte (z. B. Woody), Wasserbecher, Pinsel

Auf ein Wellpapierstück zeichnet jedes Kind großflächig den Umriss des Anfangsbuchstabens seines Namens. Das Format sollte möglichst ausgenutzt werden.
Jedes Kind gestaltet mit Ölpastellkreide seinen Buchstaben in farbenfrohen Mustern.
Anschließend klebt jeder den fertigen Buchstaben auf ein Zeichenpapier.
Auf dem dahinterliegenden weißen Hintergrund ummalen die Kinder mit Aquarellfarbstiften ihren Anfangsbuchstaben und verwandeln ihn z. B. in ein Tier, einen Menschen oder eine Landschaft.
Haben die Kinder ihre Zeichnung beendet, vermalen sie diese mit einem in Wasser getauchten Pinsel. Dabei entstehen überraschende Formen und Farbmischungen.

Kreiden

Experiment Zuckerkreide

Kinder sind von dieser Technik immer wieder fasziniert. Die Zuckerlösung lässt die Farben leuchten und fixiert die Kreidepigmente beim Trocknen gleichzeitig auf dem Papier.

Alter: ab 3 Jahren
Material: 1 großes Einmachglas, 1 kg Zucker, 1 langer Löffel, (warmes oder heißes) Wasser, verschiedenfarbige Tafelkreide

Tafelkreiden bestehen aus einer Mischung aus Kreide und Farbpigment, welche zu Stiften gepresst werden. Sie enthalten kein Bindemittel und haften deshalb nicht fest auf dem Malgrund.
Die in der Kunsterziehung beliebten *Ölpastellkreiden* sind nicht nur preisgünstig, sondern besitzen durch die Mischung der Pigmente mit Öl eine große Leuchtkraft, sind lichtecht, gesundheitlich unbedenklich, lassen sich leicht vermischen und sind kreativ vielseitig einsetzbar.
Wachsmalkreiden erhalten durch den Zusatz von Bienenwachs ihre besondere Leuchtkraft und sind gesundheitlich unbedenklich. Sie sind lichtecht und haften auf allen Materialien.

Die Werkstattleitung stellt in die Mitte des Tisches ein zur Hälfte mit Wasser gefülltes Einmachglas, den Zucker und die Tafelkreide.
Die Kinder benennen die Objekte und erzählen, wofür diese zu gebrauchen sind.
Die Werkstattleitung lässt jedes Kind den Geschmack von Wasser, des „weißen Pulvers" (Zucker) und der Kreide probieren.
Sie gibt unter ständigem Umrühren so viel Zucker zum Wasser, bis eine gesättigte Zuckerlösung entsteht, bis sich darin also kein weiterer Zucker mehr lösen kann. Mit heißem oder warmem Wasser lösen sich die Zuckerkristalle schneller auf.

Die Kinder füllen die Tafelkreiden in das Einmachglas mit der Zuckerlösung

Was ist denn das? – Da blubbert und knistert es ja wie in einem Glas mit Sprudel. Jeder darf einmal an dem Einmachglas lauschen.

Sind die Geräusche verstummt, ist die Zuckerkreide im Glas gebrauchsfertig.

Auf einem bunten Tonkartonbogen probieren die Kinder die Zuckerkreide aus.

Hinweis: Zuckerkreide ist in einem verschließbaren Gefäß mehrere Tage haltbar. Bei längerer Aufbewahrung sollten die Reststücke an der Luft trocknen. Sie können nach erneutem Einlegen in Zuckerlösung wieder benutzt werden.

Tanzende Zuckerkreide

*Rundherum im Wechselschritt,
und das Ganze zur Musik,
tanzt die bunte Kreide mit.
Wiegt sich hin und wiegt sich her,
und dies immer auf Papier.*
© Nicole Joiner und Dagmar Rücker

Alter: ab 4 Jahren
Material: Zuckerkreide (→ S. 75), verschiedenfarbiger Tonkarton (DIN A3), CD-Player, Tanzmusik (z. B. Wiener Walzer, Polka, Tango, Rumba, Cha-Cha-Cha) oder klassische Musik mit unterschiedlichem Tempo (z. B. Holzschuhtanz, Säbeltanz, Slawische Tänze)

Jedes Kind sucht sich einen Bogen Tonkarton und eine Zuckerkreide aus.

Mit Beginn der Musik lassen die Kinder ihre Zuckerkreide nach dem Rhythmus der Melodien auf dem Tonkarton tanzen.

Die Farben der Zuckerkreide dürfen dabei immer wieder gewechselt werden.

Zart und leicht

Jeder Schneekristall und jede Wolke sind einzigartig, keiner gleicht dem anderen. Was ihnen gemein ist, ist ihre Vergänglichkeit.

Alter: ab 4 Jahren
Material: Anschauungsmaterial von Schneekristallen oder Wolkenformationen, blauer und schwarzer Tonkarton, weiße Zuckerkreide
(→ S. 75)

Gemeinsam betrachten die Kinder Fotos von Schneekristallen oder Wolkenformationen.
Mit der weißen Zuckerkreide zaubern sie auf dem blauen oder schwarzen Tonkarton luftige Wolkenbilder oder zarte Schneekristalle.

Variante ab 5 Jahren
Auf dem dunklen Untergrund zeichnen die Kinder Tiere, die ein weißes Fell oder weiße Federn haben, z. B. einen Eisbären, einen Schneehasen, eine Schneeeule oder eine Feentaube.

Nester

Bei dieser ruhigen Aktion zum Entspannen und Erholen werden die Feinmotorik und die Auge-Hand-Koordination geschult.

Alter: ab 3 Jahren
Material: Packpapier, Kreppklebeband, Wachsmalkreiden, Entspannungsmusik

Vorbereitung
Auf dem Boden breitet die Werkstattleitung mehrere Bahnen Packpapier aus und befestigt diese am Boden mit Kreppklebeband.

In einer ersten Aktionsrunde sucht sich jedes Kind zwei beliebige Wachsmalkreiden aus, wählt auf der leeren Malfläche einen Platz und zeichnet dort

einen großen Kreis. In diesen Kreis setzt es sich hinein.
Die Sitzkreise sollten so weit auseinander liegen, dass die Kinder sich nicht mit den Händen berühren können.
Mit Beginn der Musik zeichnen die Kinder in rhythmischen Strichen bunte Linien um ihren Platz herum.
Auf ein Zeichen der Leitung werden die Farben untereinander getauscht.
Mit der Zeit entstehen bunte Nester um die Sitzkreise der Kinder.

Lang und rund

Bei diesen Gruppenarbeiten entstehen aus vielen einzelnen, individuell gestalteten Teilen zwei große, unterschiedliche Kunstwerke.

Alter: ab 3 Jahren
Material: Wellpappe (Verpackungsabfall), Schneidemesser, Ölpastellkreiden, 1 Holzrundstab (ø 3 cm, mind. 1 m), 1 Ring aus Holz, Metall oder Plastik (ø mind. 1 m), Wolle, Ahle

Vorbereitung

Die Werkstattleitung bereitet aus dem Verpackungsabfall genügend handliche Wellpappenstücke in verschiedenen Formen vor: z.B. Kreise, Elypsen, Rechtecke, Quadrate, Dreiecke, freie Formen. Ältere Kinder dürfen beim Vorzeichnen und Schneiden der Formen helfen.

Die Kinder malen die Formen aus Wellpappe auf beiden Seiten mit Ölpastellkreiden bunt an. Es entstehen fröhliche Muster und farbenfrohe Flächen.

Objekt I

Die Werkstattleitung schneidet jeweils in die Mitte der bemalten Formen ein Kreuz etwa in der Größe des Stabdurchmessers. Gemeinsam werden die fertigen Pappteile auf den Holzrundstab aufgespießt.

Objekt II

Mit einer Ahle stechen die Kinder Löcher in die bemalten Pappteile. Die Werkstattleitung hilft dabei. Durch diese Löcher fädeln die Kinder jeweils einen Wollfaden und binden die einzelnen Teile rundherum an einem Ring fest.

Frei an einer Schnur an der Decke aufgehängt verschönern diese Objekte jeden Raum.

Bunte Tropfen

*Es war ein bunter Wassertropf,
der fiel mir gestern auf den Kopf,
von dort dann auf mein Stück Papier,
getrocknet war er 2, 3, 4.
Ich wünschte, er wär' immer hier.*
© Nicole Joiner

Alter: ab 4 Jahren
Material: 1 Schüssel mit Wasser, pro Kind 1 Bogen saugfähiges Papier, Ölpastellkreiden, Wasserfarben

Die Kinder nehmen mit dem Finger Wasser auf und lassen einzelne Tropfen in die Schüssel mit Wasser zurückfallen.

Gemeinsam beobachten sie dabei die Tropfen und die entstehenden Kreise beim Aufplatschen.

Mit Ölpastellkreiden zeichnen die Kinder die Tropfen auf ihr Papier.

Mit unterschiedlichen Farben gestalten sie die Tropfen aus.

Der Hintergrund kann mit Ölpastellkreide gezeichnet oder aber auch mit Wasserfarbe ausgemalt werden.

Vasenbilder

Blumen verwelken, Blumenbilder nicht. Das klassische Blumenstillleben mal anders.

Alter: ab 4 Jahren
Material: Tonpapier (DIN A5), Bleistifte, Scheren, Zeichenpapier (DIN A3), Flüssigkleber, Ölpastellkreiden

Jedes Kind sucht sich ein Tonpapier aus, zeichnet mit Bleistift die Form einer Vase darauf und schneidet diese aus.
Die Vasenform kleben die Kinder auf das untere Drittel eines Zeichenblattes.
Die Kinder zeichnen mit Ölpastellkreiden viele Blumen und Blätter in ihre Vase.
Damit die Blumensträuße auch richtig wirken, gestalten sie auch den Hintergrund mit Ölpastellkreiden aus.
Mit welchen duftenden Blumen ist deine Vase gefüllt?

Blattsalat

Bei einem gemeinsamen Herbstspaziergang lassen sich viele schön geformte und gefärbte Blätter sammeln. Die Laubbäume werfen ihre Blätter ab und den Kindern macht es immer wieder Spaß, in den herbstlichen Blätterhaufen zu laufen, darin zu wühlen und besonders schöne Exemplare mit nach Hause zu nehmen.

Alter: ab 4 Jahren
Material: gesammelte Herbstblätter, Zeitungspapier, schwere Bretter oder Bücher, Kopierpapier (DIN A4), Wachsmalkreiden, Tonpapierbögen (DIN A3), Scheren, Flüssigkleber

In der Werkstatt legen die Kinder besonders große Blattexemplare zwischen Zeitungslagen. Die Zeitungslagen beschweren sie mit einem schweren Brett oder Büchern und lassen die Blätter etwa eine Woche lang trocknen. So werden sie für die Aktion schön flach und sind nicht mehr widerspenstig.

Gemeinsam betrachten die Kinder ihre gesammelten Blätter. Wer weiß, welches Blatt von welchem Baum gefallen ist?
An dieser Stelle bietet es sich an, ein kleines Blattlexikon für die Gruppe anzulegen.

Um einen „Blattsalat" herzustellen, sucht sich jedes Kind ein Blatt aus, legt es vor sich hin und bedeckt es mit einem Blatt Kopierpapier.
Mit einem Wachsmalstift rubbelt es die Struktur des Baumblattes mit der Frottagetechnik durch das Kopierpapier.
Dann sucht es sich weitere Blätter zum Durchrubbeln aus.
Hat jedes Kind eine kleine Anzahl Blätter gerubbelt, schneidet es diese aus.
Auf einem farbigen Tonpapierbogen seiner Wahl ordnet jedes Kind seine künstlichen und echten getrockneten Blätter an und klebt sie auf dem Bogen fest.
Fertig ist der Blattsalat.

Kunterbunte Nasenbären

Alle Nasenbären malen sich am Tage der alljährlichen Nasenbären-Parade kunterbunt an. In den schillerndsten Farben leuchten die getupften, gestreiften und wild gemusterten Bärenfelle.

Alter: ab 3 Jahren
Material: weißes Kopierpapier, Pastellölkreiden, Geschenkpapier, Wolle, Flüssigkleber, Wackelaugen

Jedes Kind zeichnet mit einer Kreide den Umriss eines Bärenkörpers auf ein Kopierpapier und schneidet ihn aus.

Mit Pastellölkreiden malen die Kinder die Nasenbärenkörper bunt an. Der kreativen Fellgestaltung sind hier keine Grenzen gesetzt. Jeder Bär will ja der schönste sein.

Aus Geschenkpapier schneiden die Kinder die Beine, die lange Nase und die Ohren aus und kleben diese an den Körper an.

Wackelaugen und Wollschwänze können auf Wunsch angeklebt werden.

Los geht die fröhliche Nasenbären-Parade.

STECKBRIEF: James Rizzi

Der Künstler James Rizzi wurde 1950 in Brooklyn, New York geboren. Rizzi lebte und arbeitete, außer während seines Studiums, bis zu seinem Tod 2011 in New Yorker Stadtteil SoHo.

Rizzi studierte Betriebswirtschaftslehre in Florida, als ihn sich die Kunst „schnappte". Da er zu wenig Geld besaß, um seine Bleibe zu verschönern, bemalte er sämtliche Wände seines kleinen Hauses mit einzelnen Bildern. Seine Freunde waren davon begeistert und bestärkten ihn darin, sich voll und ganz der Kunst zu widmen.

Von da an arbeitete James Rizzi zielstrebig an neuen Werken und machte sich auf, die Kunstwelt zu erobern. Er beschäftigte sich während seines Kunststudiums mit bekannten Künstlern wie Hundertwasser und Picasso und sah in ihnen Vorbilder.

Es waren vor allem die Stadt New York und ihre Menschen, die ihn beschäftigten und die immer wieder auf seinen Bildern zu finden sind. Wer auf diese sehr lebendigen Bilder blickt, entdeckt Wolkenkratzer, bekannte New Yorker Brücken, Autos, Straßenschilder und viele, viele Menschen. Einige seiner Werke bestechen durch ihre 3-D-Wirkung.

„In meiner Arbeit geht es um die Menschen, um das tägliche Leben. Und das ist vor allem das Zusammenleben." Das ist wohl einer der Gründe, warum die Werke Rizzis vor Lebendigkeit und Lebensfreude nur so sprühen. Man muss lächeln, wenn man sich näher mit einem seiner Werke beschäftigt und all die kleinen, bunten Szenen entdeckt, die das tägliche Leben so schreibt. Rizzi liebte die Menschen in seiner Stadt, ihr Lächeln, ihr Zusammensein und konnte sich all die Jahre seiner künstlerischen Karriere nicht daran sattsehen.

STECKBRIEF FÜR KINDER: James Rizzi

Der Künstler James Rizzi lebte in New York. Er liebte diese Stadt mit den hohen Wolkenkratzern und den vielen Menschen auf den Straßen. Er zeichnete die Menschen, die er sah, was sie taten und mit wem sie gerade unterwegs waren. Auf seinen Bildern entdeckst du Straßenschilder, Mülltonnen, Autos, Taxis, Häuser und kleine Geschichten, die vom Leben in New York erzählen.

Was könnte zu entdecken sein, wenn du ein Bild über deine Stadt und ihre Bewohner schaffst?

© Nicole Joiner

Zwischen Hochhäusern unterwegs

Anhand von Arbeiten des Künstlers James Rizzi erfahren die Kinder, was die Begriffe „davor" und „dahinter" in einem Bild bedeuten.

Alter: ab 5 Jahren
Material: Bildmaterial zu James Rizzi und Hochhausstädten, weißes Zeichenpapier (DIN A3), weißes Papier (DIN A4), Wachsmalkreiden, Scheren, Wellpappreste, Flüssigkleber; evtl. großer Tonpapierkarton (DIN A2)

Zu Beginn betrachten die Kinder Bildmaterial von James Rizzi und Fotos von bekannten Hochhausstädten wie New York, Dubai, Frankfurt usw. Kratzen Wolkenkratzer wirklich am Himmel?

Die Kinder zeichnen mit Wachsmalkreiden auf weißes DIN A3-Zeichenpapier ein Hochhaus neben und hinter das andere. Eine richtige Hochhauskulisse, wie z. B. in New York, soll entstehen. Schmale Türme strecken sich hinter breiten Fassadenfronten, andere quetschen sich zwischen zwei Wohnblocks, Brücken überspannen enge Straßenschluchten. Jedes Gebäude hat unzählige Fenster, aus manchen scheint Licht, hinter anderen lassen sich Gardinen oder Blumen ausmachen. Vielleicht kann sich auch zwischen den Hochhäusern der eine oder andere Baum behaupten?

Die Kinder konzentrieren sich in dieser Arbeitsphase auf die Häuser. Die Flächen sollen bunt und möglichst genau ausgearbeitet werden.

In der nächsten Arbeitsphase beleben die Kinder ihre Stadt mit Wolken, Menschen, Autos, Flugzeugen oder Schiffen. Diese Motive zeichnen sie extra

auf ein anderes DIN A4-Blatt einzeln auf und schneiden die ausgearbeiteten Figuren aus.
Hinweis: Ein besonderer Reliefeffekt lässt sich erzielen, wenn die Kinder jede Figur beim Einkleben in ihr Bild mit einem kleinen Stück Wellpappe unterlegen.

Variante
Soll eine Gemeinschaftsarbeit entstehen, gestaltet jedes Kind auf einem DIN A3-Zeichenpapier ein einzelnes Hochhaus. Die Kinder schneiden alle Hochhäuser aus und kleben sie gemeinsam auf einen großen Tonpapierkarton zu einer Mega-Stadt zusammen. Wie oben beschrieben lässt sich diese Stadt anschließend ebenfalls nach dem Vorbild von James Rizzi in 3D beleben.

Kreuz und quer

Kreuz und quer, hin und her, mit Musik ist das nicht schwer.

Alter: ab 3 Jahren
Material: 1 Rolle Malerabdeckpapier, breites Kreppklebeband, Wachsmalkreiden, CD-Player, CDs mit rhythmischer Musik; evtl. große Plastikbecher, dicke Borstenpinsel, wasserlösliche Tusche in verschiedenen Farben

Vorbereitung
Auf mehreren Tischen Bahnen des Malerabdeckpapiers ausrollen, die Schnittstellen mit Kreppklebeband verbinden und die Ecken fixieren. So entsteht eine riesengroße Malfläche.

Die kleinen AktionsmalerInnen wählen einen Wachsmalstift für jede Hand und suchen sich einen Platz auf der großen Malfläche.
Die Werkstattleitung startet die Musik und die Kinder bewegen im Rhythmus der Musik die Wachsmalkreiden kreuz und quer über die Malfläche.

Stoppt die Musik, tauschen die Kinder ihre Farben mit dem nächsten Nachbarn aus. Die Werkstattleitung hat auch die Möglichkeit, jederzeit weitere Farben in das Aktionsfeld einzubringen.
Dann geht es im Musikrhythmus lustig weiter.
Damit die Zeichnung besser zur Wirkung kommt, erhalten die Kinder anschließend einen Becher mit verdünnter, wasserlöslicher Tusche und verteilen diese mit einem breiten Borstenpinsel großzügig über das Strichgeflecht.

Riesenschlange

Am Nachthimmel ist eine geheimnisvolle Riesenschlange zu sehen. Was hat das zu bedeuten?

Alter: ab 4 Jahren
Material: schwarze wasserlösliche Beize, 1 breites Wasserglas mit Deckel (1 l), Kreppklebeband, 1 Rolle Malerabdeckpappe, verschiedenfarbige Ölpastellkreiden, breite Pinsel (Gr. 18), alte Sachen oder Schutzkleidung für das Arbeiten mit der Beize

Vorbereitung
Die Werkstattleitung setzt die Beize nach Gebrauchsanleitung in dem Wasserglas an. Je nach Anzahl der Kinder schiebt sie zwei oder drei Tische an den Schmalseiten zusammen. Darauf rollt sie eine lange Bahn Malerabdeckpappe aus und befestigt sie mit Kreppklebeband rund herum am Tisch, sodass sie nicht verrutschen kann.

Die Kinder verteilen sich großzügig um die Pappbahn. Jeder braucht genug Bewegungsfreiheit für seine Arme.
Gemeinsam zeichnen sie den Umriss einer dicken, langen Schlange auf. Sie windet sich über die gesamte Papierbahn und hat dicke Ausbuchtungen. Die Werkstattleitung gibt den Kindern dabei Hilfestellung.
Ist die Schlange umrissen, malt jedes Kind einen Abschnitt des Körpers mit Ölpastellkreiden in farbenfrohen Mustern aus. Dabei achtet die Werkstattleitung darauf, dass die Kreiden kräftig aufgetragen werden.
Ebenfalls mit Ölpastellkreiden lassen die Kinder um die Riesenschlange herum den Nachthimmel entstehen.
Damit sich das Tier vom Bild gut abhebt, überzieht jedes Kind unter Anweisung und Aufsicht der Werkstattleitung seinen Teil der Papierbahn mit der vorbereiteten schwarzen Beize. Dabei müssen die Kinder zügig und großflächig sauber arbeiten. Die wässrige Beize perlt auf der Ölpastellkreide ab und färbt nur den Hintergrund der saugfähigen Malerabdeckpappe.
Wird das Kunstwerk nach dem Trocknen an einer Wand aufgehängt, heißt es „Vorsicht, die Riesenschlange ist unterwegs".
Achtung: Beize ist sehr farbintensiv und lässt sich nicht aus der Kleidung auswaschen. Deshalb empfiehlt es sich, alte Sachen oder Schutzkleidung zu tragen.

Kratzbilder

Eine der ältesten und noch immer beliebten Arten mit Wachsmalkreiden zu experimentieren ist das Freikratzen bunter Farbschichten. Was hat sich da unter dem Schwarz versteckt?

Alter: ab 3 Jahren
Material: weißes Kopierpapier, Wachsmalkreiden, Objekte zum Kratzen

Jedes Kind malt sein Papier vollständig mit bunten Wachsmalkreiden aus.
Anschließend übermalt es das Papier in einer zweiten Schicht komplett mit schwarzer Wachsmalkreide.
Dann kratzen die Kinder nach Herzenslust mit den unterschiedlichsten Gegenständen Farben in Formen oder Mustern frei.

Faserstifte

Faserstifte, die so genannten Filzstifte, sind im Fachhandel in unterschiedlichen Faserdicken, Qualitäten und Preisen erhältlich. Speziell für die Arbeit mit Kindern wurden Stifte mit extra stabilen dicken und dünnen Spitzen entwickelt, deren Tinte auf Wasserbasis hergestellt wird und sich somit aus den meisten Textilien wieder auswaschen lässt.

Die im Bürobedarf bekannten Filzmarker werden ebenfalls auf Wasserbasis hergestellt und sind in von Kindern geliebten Leuchtfarben erhältlich.
Mit speziellen Filzpermanentmarkern können auch Oberflächen wie Plastikgegenstände, Plastikfolien, Metalloberflächen usw. gestaltet werden. Sie sind wasserunlöslich, das heißt wisch- und wasserfest und somit sind Farbspuren aus Textilien teilweise nur mit speziellen Fleckenmitteln wieder zu entfernen.

Durchscheinend

Die Kinder dürfen auf einem besonderen durchsichtigen Papier zeichnen. Übereinander gelegte Zeichnungen ergeben einen lebendigen und reizvollen Effekt.

Alter: ab 4 Jahren
Material: pro Kind 3 Blätter hochtransparentes Zeichenpapier (DIN A6, alternativ Butterbrotpapier), Filzstifte dick und dünn, schwarzer Tonkarton, Tacker, Klebestifte

Jedes Kind erhält nacheinander drei Blätter hochtransparentes Zeichenpapier und sucht sich einen Filzstift aus.

Die Kinder bekommen den Auftrag, sich für nur eine Linienart zu entscheiden, z. B. gerade Linien, Wellenlinien, Spiralen, Zickzacklinien.

Auf ein Zeichen der Werkstattleitung füllen sie ihr Zeichenpapier mit dieser Linienart.

Ein zweites Blatt füllen die Kinder in einer anderen Filzstiftfarbe, z. B. mit kleinen Punkten oder dicken Tupfen, kurzen oder langen Strichen.

Für das dritte Blatt wählen die Kinder erneut eine andere Filzstiftfarbe und füllen es mit einer beliebigen Form, z. B. Kreisen, Spiralen, Quadraten oder Dreiecken.

Die Kinder probieren aus, wie ihre drei Blätter übereinander gelegt wirken und entscheiden sich für eine Variante. Diese fixieren sie mit dem Tacker an den beiden oberen Ecken.

Aus dem schwarzen Tonkarton schneiden die Kinder ein Passpartout, hinter das sie die durchscheinende Arbeit nur am oberen Rand kleben. Es schadet nichts, wenn das durchscheinende Papier an den Seiten etwas herausguckt und unten aufflattert. Wen das stört, der kann die Ränder natürlich passend schneiden.

Am Fenster übereinander aufgehängt strahlen die Kunstwerke der Kinder um die Wette.

Klebezettel

Es war einmal ein Mann, der wollte für seine Firma einen neuen Kleber erfinden. Sein Experiment im Labor klappte aber leider nicht. Als er am nächsten Tag die missglückte Klebemasse wegwerfen wollte, stellte er mit Erstaunen fest, dass er den Kleberest leicht vom Glas abziehen und an anderer Stelle wieder aufkleben konnte. So entstand die Idee, diesen Kleber auf die Rückseite von kleinen Merkzetteln zu streichen, die überall haften. Die Idee von Klebezetteln war geboren.
Jeder kennt und benutzt die nützlichen kleinen bunten selbstklebenden Merkzettel. Hier wird eine kreative Nutzung dieser Zettel vorgestellt.

Alter: ab 4 Jahren
Material: mehrfarbiger Klebezettelblock, Faserstifte

Die Kinder suchen sich einen Klebezettel in ihrer Wunschfarbe aus.
Mit Faserstiften gestalten sie das Blatt mit Mustern, Bildern oder Buchstaben.
Ihre fertigen Notizblätter heften sie gemeinsam an eine Tafel, Tür oder einen Schrank.
Dann geht es mit einer anderen Blattfarbe weiter, so lange, bis ein großes Zettelgebilde, z. B. eine Schlange oder ein Kreis entstanden ist.
Seht, wie die Notizblätter lustig flattern!

Farbkreisel

Unsere Augen lassen sich beim Sehen oft täuschen. Hier probieren und gestalten Kinder rund um optische Täuschungen.

Alter: ab 5 Jahren
Material: Experimentierkasten für optische Versuche (z. B. Aktivbox „Optische Täuschungen"), 1 leeres CD-Rondell mit Deckel, 1 CD als Schablone, weißer Tonkarton, Faserstifte, Scheren, 1 Holzhalbkugel (ø 4 cm), Allzweckkleber

Vorbereitung
Mit Hilfe einer CD-Scheibe zeichnet die Werkstattleitung pro Kind zwei Kreise und das Loch in der Mitte auf weißen Tonkarton.

Zusammen mit der Werkstattleitung erkunden die Kinder die Farbwirkungen des Farbkreisels aus der Aktivbox. Sie beobachten genau und fassen das Ergebnis zusammen.

Jedes Kind schneidet zwei der vorbereiteten Kreise aus Tonkarton einschließlich des Mittellochs sorgfältig aus.

Mit Filzstiften zaubern die Kinder farbige Muster auf ihre beiden Scheiben. Wer möchte, darf die Rückseite ebenfalls gestalten, auch nur in Schwarz-Weiß.

Damit ein Kreisel entsteht, klebt die Werkstattleitung die flache Seite der Holzhalbkugel unter das CD-Rondell genau in die Mitte. Dafür ist es gut, die CD-Box mit dem Deckel zu schließen, um sie zu stabilisieren. Danach wird der Deckel entfernt und beiseite gelegt.

Der CD-Haltestift in der Mitte ist der Drehgriff und die Holzhalbkugel ist die Drehspitze.

Alle Kinder probieren nacheinander die Wirkung ihrer bunten Scheiben aus, indem sie sie auf den Kreisel über das Mittelloch legen und den Kreisel zwischen Daumen, Zeige- und Mittelfinger in Drehbewegung bringen. Schon saust der Farbkreisel über die Tischfläche.

Was da zu sehen ist, bringt alle zum Staunen.

Selbstporträt

Spieglein, Spieglein an der Wand, wer ist der/die Bunteste im ganzen Land?

Alter: ab 4 Jahren
Material: 1 großer Spiegel, weißes Zeichenpapier (DIN A4), dünne und breite Faserstifte, farbige Tonpapierbögen, Flüssigkleber

Die Werkstattleitung eröffnet mit folgenden Fragen die Übung:
- Was ist eigentlich ein Porträt?
- Können wir ein Porträt von uns zeichnen, ohne uns selbst zu sehen?
- Wie sehe ich mich, wie sehen mich andere Kinder?
- An welchen Merkmalen erkennen mich die anderen Kinder?

Jedes Kind darf sich einmal selbst im Spiegel betrachten.

Die Kinder sehen, überlegen, diskutieren und vergleichen, bevor sie mit Faserstiften von sich ein Selbstporträt anfertigen.
Wer möchte, darf sein Selbstporträt rund ausschneiden und auf einen farbigen Tonpapierbogen kleben. So kommen sie besonders gut zur Geltung. Und nach und nach entsteht eine richtige Porträtgalerie.

Ein Reißverschluss zum ...

Ein Reißverschluss wird ausgepackt und ratzfatz aufs Papier gebracht. Ob offen oder zu, es entsteht was Neues im Nu.
© Nicole Joiner

Alter: ab 6 Jahren
Material: pro Kind 1 Bogen weißes, saugfähiges Papier (DIN A3), Filzstifte, alte ausrangierte oder neue Reißverschlüsse, Flüssigkleber

Jedes Kind wählt einen Reißverschluss aus und klebt ihn offen oder geschlossen auf seinen Papierbogen.
Mit den Filzstiften zeichnen die Kinder rund um den Reißverschluss das dazu gehörige Objekt – mal den Anzug eines Superhelden, mal das 4-Mann-Zelt in Nachbars Garten –, wozu sie inspiriert werden. Wo findet sich dein Reißverschluss wieder?

Hippieköpfe

"Hippie" ist vom englischen Wort "hip" abgeleitet und bedeutet "modern, zeitgemäß, angesagt". Der Ausdruck ist in den 1960er Jahren in den USA entstanden und steht für eine Jugendbewegung, die sich gegen die herrschende Kultur stellte. Auch heute sind bei Kindern flippiger Haarschmuck und wilde Frisuren "angesagt".

Alter: ab 6 Jahren
Material: dünne Wellpappe, weißes Zeichenpapier (DIN A3), Filzstifte, Flüssigkleber, Scheren, Ostergras oder Bast in verschiedenen Farben, Material zum Ausschmücken (z. B. Federn, kleine Pompons)

Vorbereitung

Die Werkstattleitung malt eine oder mehrere Kopfschablonen im Profil auf dünne Wellpappe und schneidet sie aus.

Mit Hilfe einer vorbereiteten Kopfschablone zeichnen die Kinder in die Mitte ihres Zeichenblattes die Umrisse eines Kopfprofils. Wer mag, fertigt eine eigene Schablone an oder zeichnet den Kopfumriss frei auf das Blatt.

Die Kinder zeichnen mit zwei parallel verlaufenden Linien ein Stirnband ein.

Den entstandenen breiten Streifen füllen sie mit selbst erdachten Mustern aus.

Sie ergänzen Mund und Auge.

Aus farbigem Ostergras oder Bast verpassen die Kinder ihrem Hippie-Kopf eine wilde Frisur.

Zum Schluss schmücken sie die Frisuren und Stirnbänder mit Federn und Pompons aus.

Fertig sind originelle Hippie-Köpfe.

Tusche

Tusche ist in verschiedenen leuchtenden Farben in Flaschen von 30 ml, 250 ml oder 1000 ml erhältlich. Außer Schwarz trocknen alle transparent auf. Die Farben lassen sich mit Wasser verdünnen und untereinander mischen.

Achtung: Tusche ist sehr farbintensiv und geht aus der Kleidung beim Waschen schlecht wieder heraus, deshalb sollten die Kinder auf jeden Fall einen Malerkittel tragen.

Experiment Tusche

Pipetten, Gänsefedern, Haarpinsel, Trinkhalme, Zeichenfedern – alle unten aufgeführten Werkzeuge eignen sich dazu, auf einem Papier mit Tusche charakteristische Spuren zu hinterlassen.

Alter: ab 6 Jahren
Material: saugfähiges Zeichenpapier, Tusche, kleine Schälchen, Pipetten, Gänsefedern, Haarpinsel, kurze Trinkhalme, verschiedene Zeichenfedern

Gemeinsam mit den Kindern bespricht die Werkstattleitung die Handhabung der einzelnen Werkzeuge.

Jedes Kind bekommt ein Blatt Zeichenpapier und Tusche und wählt ein Werkzeug aus. Damit probiert es aus, welche Tuschespuren dieses auf dem Blatt hinterlässt.

Nacheinander dürfen die Kinder alle Werkzeuge jeweils auf einem extra Blatt ausprobieren.

Am Ende werden die entstandenen Spurenblätter nebeneinander ausgelegt und gemeinsam betrachtet und über die Erfahrungen gesprochen. Ganz schön unterschiedlich, was da so entstanden ist!

Briefe aus dem Mittelalter

Auf einem mittelalterlichen Markt war ein Stand zu entdecken, an dem das Herstellen von Zeichenfedern aus Bambusstengeln gezeigt wurde. Schon zur damaligen Zeit waren Schriftstücke für die Menschen sehr wichtig.

Alter: ab 5 Jahren
Material: Anschauungsmaterial verschiedener Schriftzeichen (z. B. China, Japan, Persien, Arabien, Russland, Griechenland, Deutschland [Altdeutsch, Sütterlin], Ägypten, Lateinamerika [Inka, Maja], Israel), 1 Weltkugel, frische grüne Bambusstengel aus dem Garten (ø mind. 1 cm), Gartenschere, Schneidemesser, Tusche, Zeichenpapier (DIN A3)

Die Gruppe schaut sich zusammen die gesammelten Schriftarten an und die Kinder suchen die dazugehörigen Länder auf der Weltkugel.
- Welche Schriftzeichen gehören wohl zu welchem Land?
- Wo liegt dieses Land auf unserer Weltkugel?

Bevor die Kinder mit dem Briefeschreiben beginnen können, schneidet die Werkstattleitung im Beisein der Kinder den frischen, grünen Bambus in stiftgroße Stücke.
Jedes Kind schrägt jeweils eine Seite seines Stücks mit dem Schneidemesser an.
Die dabei entstehende Spitze wird wie bei einer Füllerspitze ca. 1 cm in der Mitte eingeschnitten. Wenn nötig hilft die Werkstattleitung den Kindern dabei.
Mit der Bambuszeichenfeder schreiben die Kinder, wie im Mittelalter, z. B. mit einer geheimen Schrift einen Brief oder eine wichtige Botschaft an den König.
Ob der König die geheime Nachricht wohl rechtzeitig mit dem Boten erhält?
Hinweis: Unterschiedlich dicke Bambusstücke ergeben verschieden dicke Spuren. Sollen breite Linien gezeichnet werden, kann man die Federspitze mit dem Schneidemesser zusätzlich gerade abschneiden.

Klecksbilder

Mit Klecksen und Klatschen zaubern die Kinder fantasievolle Papiere.

Alter: ab 4 Jahren
Material: Tonpapier (mind. DIN A4, 120 g/m²), schwarze Tusche, Pipette, Malerkittel; evtl. verschiedenfarbige Wasserfarben, flüssige Gouache- oder Temperafarben

Jedes Kind sucht sich ein farbiges Tonpapier aus und faltet es auf DIN A5-Größe in der Mitte zusammen. Unter Aufsicht der Werkstattleitung tropft jedes Kind mit der Pipette dicke Kleckse von der schwarzen Tuscheflüssigkeit auf eine Hälfte des Papiers auf.
Danach legen die Kinder das Blatt zusammen und pressen beide Seiten fest aufeinander.
Sofort öffnen sie das Papier vorsichtig und schauen das Ergebnis an.
Hoppla, was ist denn da entstanden – ein Schmetterling oder eine Blume?

Variante
Statt Tusche lassen sich auch verschiedenfarbige Wasserfarben, flüssige Gouache- oder Temperafarben einsetzen. Hier entstehen beim Zusammenpressen nicht nur überraschende Formen, sondern auch reizvolle Farbmischungen.

Pustebilder

Wem geht bei dieser Aktion zuerst die Puste aus?

Alter: ab 4 Jahren
Material: saugfähiges Malpapier (mind. DIN A4, 120 g/m²), verschiedenfarbige Tusche, 1 Pipette pro Farbe, dicke, kurze Trinkhalme, farbiger Tonkarton (DIN A3), Flüssigkleber

Die Werkstattleitung tropft jedem Kind einen dicken Klecks von einer beliebigen Tuscheflüssigkeit auf ein Malpapier auf. Durch einen kurzen Trinkhalm pustet jeder direkt in seinen noch feuchten Klecks und verteilt die Tusche so lange in alle Richtungen, bis die Flüssigkeit nicht mehr fließt. Die Werkstattleitung trägt eine andersfarbige Tusche auf, die die Kinder mit dem Trinkhalm verblasen.
Geheimnisvolle Gebilde entstehen, in die sich z. B. Figuren oder sogar Geschichten interpretieren lassen.
Hinweis: Die Arbeiten kommen besonders gut zur Geltung, wenn sie auf einem farbigen Tonkarton arrangiert und anschließend aufgeklebt werden.
Achtung: Nur kurze Trinkhalme verwenden, damit das Pusten nicht so anstrengend ist.

Variante für ältere Kinder
Ältere Kinder dürfen mit einer Pipette die Farbe ihrer Wahl selbst aufbringen.

Lustige Namensbilder

Jedes Kind ist stolz, wenn es seinen Namen schreiben kann. Hier werden Buchstaben in kreativer Weise geübt und anschließend in ein farbenfrohes Kunstwerk verwandelt.

Alter: ab 5 Jahren
Material: weißes Malpapier (DIN A3, 90 g/m²), Tusche in verschiedenen Farben, dicker Rundpinsel, Buntstifte

Jedes Kind schreibt mit einem dicken Rundpinsel und Tusche seinen Namen auf das Malpapier.
Ist die Tusche angetrocknet, gestalten die Kinder den Hintergrund mit Buntstiften.
Anschließend übermalen sie diese Stellen mit farbiger Tusche.
So entstehen lustige bunte Namensbilder.

Tintenhexe

Ein dicker Tintenklecks wird – 1–2–3 und hex-hex-hex – zur großen fetten Tintenhex!

Alter: ab 6 Jahren
Material: saugfähiges Zeichenpapier (DIN A3, 120 g/m²), Tusche in verschiedenen Farben (Rot, Blau, Grün, Gelb, Schwarz), kleine Plastikschälchen, Haarpinsel, kurze Trinkhalme, Scheren, bunte Papierreste, kleine Perlen, Flüssigkleber

In die Mitte eines Zeichenpapiers kleckst sich jedes Kind mit einem Haarpinsel einen großen Tintenklecks. Die Farbe darf jeder frei wählen.
Mit einem Trinkhalm verpusten die Kinder den Tintenklecks an einer Stelle zu strubbeligen Haaren.

Auf die gleiche Weise werden weitere, andersfarbige Tintenkleckse zu Armen und Beinen.
Aus einem beliebigen Papierrest schneidet jedes Kind für seine Tintenhexe einen Hexenhut, der ebenfalls mit Tuschespuren verziert wird, und klebt ihn der Hexe mit Flüssigkleber auf den Kopf.
Damit die Tintenhexe auch sehen, ihre Zaubertränke riechen und die Zaubersprüche sagen kann, kleben die Kinder Augen, Nase und Mund aus Papierresten in das Hexengesicht ein.
In das Gesicht geklebte kleine Perlen werden zu Warzen und geben der Hexe ein schauerliches Aussehen.

Variante
Ein mit Tusche und Pinsel in die Mitte des Blattes gezeichneter großer Kreis verwandelt sich ebenfalls in eine lustige Tintenhexe.

Projekte

Projekte, bei denen unterschiedliche Farbmaterialien verwendet werden, vermitteln kreatives Arbeiten nicht isoliert an einem Material, sondern verbinden unterschiedliche Erfahrungen miteinander. Die Kinder lernen dabei, eigene Ideen zur Kombination der unterschiedlichen Farbmaterialien zu entwickeln.

Froschkönig

Das alte Märchen „Der Froschkönig" der Brüder Grimm erfreut auch heute noch Groß und Klein. Dieses Angebot verbindet malerisches und plastisches kreatives Arbeiten zum Thema.

Alter: ab 5 Jahren
Material: Märchen „Der Froschkönig", breites Kreppklebeband, Zeitungspapier, leere Joghurtbecher zum Mischen, flüssige Gouachefarben (Gelb, Grün, Blau, Weiß, Braun, Blau), breite Borstenpinsel, Wattebäusche (für die Augen), Flüssigkleber, Goldfolie, Wellpappstücke (mind. 40 × 40 cm), Scheren, Schneidemesser, Tonkarton in Blautönen (DIN A5), Material zum Ausgestalten (z. B. Pompon, Trocken- oder Kunstblumen, Papierschnipsel)

Die Leitung liest den Kindern das Märchen „Der Froschkönig" vor oder erzählt es ihnen. Gemeinsam besprechen sie, welche Farbe Frösche haben.

Aus Zeitungspapier knautschen die Kinder eine dicke Papierkugel. Diese Kugel soll der dicke Frosch werden.

Die Kugel umwickeln sie rundherum fest mit Kreppklebeband. Die Werkstattleitung unterstützt sie dabei. Beim Arbeiten entwickeln sie durch Drücken der Kugel eine Froschform.

Zwei aus Zeitungspapier gedrehte Würste, die ebenfalls mit Kreppklebeband umwickelt werden, fixieren die Kinder mit Klebeband am Froschkörper.

In einem leeren Joghurtbecher mischt sich jedes Kind aus Gouachefarben seinen „froschgrünen" Farbton. Damit bemalen sie ihren Frosch und lassen ihn trocknen. Die Reste der grünen Farbtöne stellt die Leitung für den Brunnen beiseite.

Je zwei Wattebäusche als Augen und eine Krone aus Goldfolie werden am Frosch angebracht.

Aus einem größeren Stück Goldfolie formen die Kinder ihrem Froschkönig die goldene Kugel. Jetzt fehlt nur noch der Brunnen.

Aus einem Wellpappestück zeichnen die Kinder die Brunnenöffnung und schneiden sie aus. Die Werkstatt-

leitung hilft mit einem Schneidemesser dabei. Die ausgeschnittene Form wird als Brunnendeckel aufgehoben.

Das entstandene Brunnenloch unterkleben die Kinder mit einem Stück blauem Tonpapierkarton.

Jetzt sucht sich jedes Kind aus den restlichen Grüntönen einen neuen Farbton aus und bemalt damit die Wiese um seinen Brunnen herum.

Der Brunnendeckel wird z. B. mit Braun bemalt.

Mit dem von der Leitung bereitgestellten restlichen Material gestalten die Kinder ihre Wiese aus, z. B. werden aus Pompons Blumen, aus Papierschnipseln grüne Gräser oder graue Steine.

Zum Schluss bezieht der dicke Froschkönig seinen Platz am Rand des Brunnens und versucht, den goldenen Ball der Prinzessin aus der Tiefe zu fischen.

Tierpuzzle in der Kiste

Diese Kiste hat es wahrlich in sich. Wer schafft es zuerst, sein Puzzle wieder zusammenzufügen?

Alter: ab 6 Jahren
Material: Wellpappstücke (DIN A5, Verpackungsabfall), Ölpastellkreiden, Schneidemesser, pro Kind 1 Schuhkarton (von Kinderschuhen), weiße Wattepads, bunte Papierstreifen aus Tonpapier, Flüssigkleber, Plastikbecher, dicke Borstenpinsel, flüssige Gouachefarben

Puzzle
Mit Ölpastellkreiden zeichnet jedes Kind auf ein Stück Wellpappe möglichst groß sein Lieblingstier. Das Tier sollte ein typisches Fell-, Haut-, Schuppen- oder Federkleid besitzen, das kräftig ausgemalt werden soll.

Die Kinder gestalten auch die übrig gebliebenen Flächen großformatig aus.

Mit Hilfe der Werkstattleitung schneiden sie das Tierbild in einzelne Puzzlestücke. Wer möchte, teilt sein Bild auf der Rückseite in Quadrate oder Rechtecke und schneidet es dann entlang der entstandenen Linien in einzelne Puzzleteile.

Puzzlekiste
Damit kein Teil verloren geht und das Puzzle immer wieder gelegt werden kann, fertigt sich jedes Kind eine eigene Aufbewahrungskiste.

Die Kinder bekleben den Deckel und die Schachtel eines Schuhkartons mit Papierstreifen und Wattepads. Der Boden der Schachtel bleibt frei.

Die Oberflächen der Wattepads bemalen sie mit Gouachefarben.

Eine sichere Aufbewahrung für das Tierpuzzle ist entstanden.

Auf die Plätze, fertig, los! Wer hat sein Tierbild am schnellsten wieder zusammengesetzt?

Hinweis: Alles Gezeichnete sollte nicht zu klein sein, sonst ist es am Ende zu schwierig, das Puzzle zusammenzusetzen.

Tausendfüßler Willibald

*Der Tausendfüßler Willibald
trappelt munter durch den Wald.
Hier und dort bleibt er stehen,
um sich Blumen anzusehen.
Es gibt rote, blaue, gelbe,
keine Blume ist dieselbe.
Und da er tausend Füße hat,
ist die Runde bald gemacht.
Nur heute hat er keine Ruhe,
es drücken ihn die neuen Schuhe.
© Dagmar Rücker*

Alter: ab 4 Jahren
Material: Wattepads, Wasserfarben, Haarpinsel (in verschiedenen Stärken), Stopfnadeln, Perlgarn, Tacker, Trinkhalme, Pfeifenputzer, Scheren, Wackelaugen, Flüssigkleber

Mit Pinsel und wässriger Wasserfarbe färbt jedes Kind eine selbst gewählte Menge von Wattepads ein. Dem Farbgefühl sind dabei keine Grenzen gesetzt.

Für den Kopf wird ein weißer Wattepad in der Mitte gefaltet und zusammengetackert, so dass ein Halbkreis entsteht.

Der Kopf wird am unteren Ende eines langen Perlgarnfadens befestigt. Die Werkstattleitung hilft beim Tackern und Einfädeln des Perlgarnfadens in eine Stopfnadel.

Jedes Kind fädelt abwechselnd ein abgeschnittenes Stück Trinkhalm und einen bunten oder weißen Wattepad auf den Faden auf. Es fährt damit so lan-

ge fort, bis der Tausendfüßler etwa 30 cm lang ist. Die Werkstattleitung hilft dabei, den Perlgarnfaden am letzten Wattepad zu vernähen.

Die Pfeifenputzer schneiden die Kinder in ca. 10 cm große Stücke und wickeln davon jeweils ein Stück um jedes aufgefädelte Trinkhalmstück. Nun hat der Tausendfüßler viele Beine.

Damit der Tausendfüßler sehen kann, in welche Richtung er geht, und nicht über seine Beine stolpert, kleben die Kinder Wackelaugen auf den Kopf. Und los geht das Getrappel der vielen tausend Füße.

Waschtag

Heute ist Waschtag. Wieder so ein dicker Berg schmutzige Wäsche! Socken, Unterwäsche, T-Shirts, Blusen, Hosen, Hemden, Kleider, Mützen, Handtücher, Pullover und noch vieles mehr. Ob in unserer Familie ein paar Schlammpfützenmonster ihr Unwesen treiben?

Alter: ab 6 Jahren
Material: Bildmaterial „Waschbrett" (s. Internet), breites Kreppklebeband, Malpapier (DIN A3), Kopien von einem Waschbrett, Tonpapier (DIN A6), Flüssigkleber, Ölpastellkreiden, Zeitung, rote und gelbe wasserlösliche Tusche, breite Pinsel, Plastikschalen, Paketschnur, Wäscheklammern

Vorbereitung

Die Werkstattleitung bereitet für jedes Kind eine Kopie von einem Waschbrett aus dem Bildmaterial vor. Jedes Kind befestigt ein Malpapier mit breitem Kreppklebeband rundherum an allen Seiten auf einer Malunterlage.

Die Kinder überlegen sich, welche Kleidungsstücke an einem Waschtag gewaschen werden sollen, und zeichnen diese jeweils auf ein Kopierpapier, z. B. Socken, Handtücher, Hemden, Hosen, Kleider, Schals, Mützen. Die Stücke sollten nicht zu klein gezeichnet werden, damit sie sich gut mit Mustern und Farben ausmalen lassen.

Haben die Kinder genügend Kleidungsstücke für ihren Waschtag gesammelt, zeichnen sich die Kinder auf einem Stück Tonpapier noch einen Waschtrog. Ohne den klappt das mit dem Waschen sonst nicht. Sind alle Teile beisammen, geht es an die zweite Arbeitsphase, das Ausschneiden. Jedes Kind schneidet seine Wäschestücke, den Waschtrog und ein Waschbrett aus und legt alle Teile zur Seite.

In der dritten Arbeitsphase kleben die Kinder alle ausgeschnittenen Teile auf dem vorbereiteten Malpapier zu einer Collage zusammen. Dazu beginnen sie an einer beliebigen Stelle mit der Kopie des Waschbretts. Dann folgt die Waschschüssel, die neben oder unter das Waschbrett in das Bild eingefügt wird. Zum Schluss verteilen die Kinder ihre Wäschestücke und fixieren diese an der vorgesehenen Stelle.

In der vierten Arbeitsphase steht die Gestaltung des Hintergrunds im Blickpunkt. Ohne Wasser und Sei-

fenschaum geht beim Waschen bekanntlich gar nichts. Mit Ölpastellkreiden malen die Kinder rund um Waschbrett, Waschtrog und Wäsche Wasserwellen und Schaumblasen.
Zum Schluss überziehen sie diese Hintergrundzeichnung mit roter oder gelber Tusche. Dazu die Tusche eventuell mit Wasser etwas verdünnen und mit einem breiten Pinsel großflächig verteilen.
Die Arbeit trocknen lassen und dann vorsichtig von der Malunterlage lösen.

Variante
Lustig sieht es aus, wenn zusätzlich von einer Seite zur anderen über dem Waschbrett eine Wäscheleine aus Paketschnur gespannt wird, an der mit Wäscheklammern befestigt ein paar lose von den Kindern gestaltete Wäschestücke flattern.

Pop-Art Porträt

Anlass zu diesem Projekt war das 50. Jubiläum der Schiller-Schule in Mannheim. Wir wollten etwas Künstlerisches, Experimentelles zu Friedrich Schiller schaffen und entschieden uns dazu, den großen deutschen Dichter in unterschiedliche Charaktere zu „verwandeln", mal modern mal ganz anders (→ S. 109).

Alter: ab 6 Jahren

Material: Schwarz-Weiß-Kopien des Profils von Friedrich Schiller oder einer anderen Person von Interesse (DIN A4), Kopierpapier (DIN A4), verschiedene Farbmaterialien (z. B. Wasserfarben, Farbstifte, Filzstifte, flüssige Farben und Kohle), pro Kind 1 Bogen Tonpapier (DIN A2), Flüssigkleber

Jedes Kind gestaltet im Laufe des Projektes vier oder sechs Profilbilder Schillers oder einer anderen Person von Interesse. Die fertigen Schwarz-Weiß-Kopien des Profils malen oder zeichnen die Kinder mit unterschiedlichen Farbmaterialien aus. Dabei müssen die vorgegebenen Profillinien nicht eingehalten werden. Hier kann munter übermalt oder auch dazugemalt werden – neue Accessoires erscheinen oder lange Haartrachten wachsen.

Bei allen Profilen sollte der Hintergrund vollkommen ausgestaltet werden. Auch hier sind der Fantasie keine Grenzen gesetzt.

Die getrockneten Profile werden symmetrisch auf den Tonpapierbogen geklebt.

Fertig ist unsere Schiller Pop-Art!

Variante
Es ist auch möglich, mit dem Kopierpapier nur den Umriss des Schillerprofils abzupausen, die Feinheiten jedoch vollkommen selbst zu entwerfen. Plötzlich wird aus unserem Literaten ein moderner Punker.

Bowerbird

Im australischen Busch lebt ein Vogel, den die Australier „Bowerbird", Laubenvogel, nennen. Dieser Vogel ist für seine kunstvoll gebaute und geschmückte Liebeslaube bekannt. Hier lernen die Kinder etwas über eine fremde Vogelwelt sowie die Sammelleidenschaft und das Baugeschick dieser gefiederten Freunde. Indem sie gemeinsam eine Laube herstellen, stärken sie ihr Gruppengefühl, lernen Gruppenkompetenz, üben hinzusehen und trainieren ihre Feinmotorik.

Alter: ab 5 Jahren
Material: pro Nest 1 flache braune Pappkiste und 1 Styroporplatte (mind. 3 cm dick, Verpackungsreste), 1 große Packung Holzschaschlikspieße, 1 große Packung Zahnstocher, Naturmaterial (z. B. trockene Blätter, Rindenstücke, Erde), Heu und/oder Stroh (Holzwolle auch möglich), 1 Korb, Material in einer Farbe, z. B. Rot oder Blau (z. B. Papier, Schnur, Wolle, Steine, Perlen, Muggelsteine, Folien, Saftflaschendeckel, Bonbonverpackung, getrocknete Beeren); evtl. Buntstifte, braune Knete, braune und weiße Federn

Herr und Frau Bowerbird haben eine Vorliebe für stark leuchtende Farben. Selbst haben beide ein eher unscheinbares Gefieder. Vielleicht auch deshalb haben Herr und Frau Bowerbird jeweils eine Lieblingsfarbe.

Zu Beginn jeder Brutsaison baut Herr Bowerbird für seine zukünftigen Vogelfrauen – man höre und staune, es sind gleich mehrere – eine kunstvolle Liebeslaube. Um seine Konkurrenten bei der Brautwerbung auszustechen, sammelt er alle Gegenstände, denen er in seiner Umgebung habhaft werden kann, z.B. Früchte, Blätter, Muscheln, Steine in seiner Lieblingsfarbe. Mit seinem Schnabel schleppt er Teil für Teil zu seiner Liebeslaube und schmückt diese damit fachmännisch aus. Wehe, wenn etwas verrutscht, gleich wird es wieder zurechtgerückt. Die Konkurrenz schläft bekanntlich nicht. So kann ein genauer Beobachter im Busch Liebeslauben z. B. in Knallrot, Pink, leuchtendem Blau oder strahlendem Weiß entdecken. Für die Konkurrenz heißt das – Platz besetzt! Such dir gefälligst einen anderen. Für die Bowerbird-Damen bedeutet es: Hier hat ein ganz toller Mann nur für mich das wundervollste Liebesnest der Welt gebaut. Trete ein – herzlich Willkommen!

Mit lautem Gezwitscher und farblich passenden Liebesgaben versucht Bowerbird-Mann nacheinander möglichst viele Weibchen in seine Liebeslaube zu locken und sie hier zu befruchten.

Das eigentliche Nest für die Eier muss sich die Auserwählte oben im Busch dann selber bauen. Auch für die Aufzucht des Nachwuchses ist sie alleine zuständig. Herr Bowerbird ist ein ganz schöner Filou, nicht wahr?

© Dagmar Rücker

Die Werkstattleitung erzählt den Kindern die Geschichte der Laubenvögel und wie sie sich in der Brutzeit verhalten.

Die Kinder dürfen zusammen auf der Styroporplatte eine Liebeslaube aus Schaschlikspießen und Zahnstochern zusammenstecken. Dabei achten sie darauf, dass die Laube vorne und hinten für die Vogeldamen offen bleibt.

Ist die Laube dicht gesteckt, sodass seitlich kein Durchschlüpfen möglich ist, legen die Kinder sie in eine flache Pappschachtel.

Die Kinder füllen die Pappschachtel mit dem gesammelten Naturmaterial aus. Die Styroporplatte soll darin ganz versinken.

Das Innere der Laube wird mit Holzwolle oder Heu kuschelig ausgepolstert.

Die Kinder schmücken mit dem gesammelten farbigen Material die Laube wie ein Bowerbird aus. Dabei wird gelegt, dazugefügt, weggenommen, zurechtgerückt.

Am Ende ist alles für die Bowerbird-Damen vorbereitet. Die Brautwerbung kann beginnen.

Varianten

Vielleicht macht es einigen Kindern Spaß, mit Buntstiften eine Laubenvogel-Dame beim Inspizieren der Laube zu zeichnen (→ S. 110) oder aus brauner Knete und braunen und weißen Federn Herrn Bowerbird und seine Damenschar zu formen.

Wunschblumen

In jeder liebevoll hergestellten Wunschblume ist zwischen ihren Blütenblättern ein guter Wunsch des Überbringers verborgen.

Alter: ab 5 Jahren
Material: pro Kind 1 große Laternenschachtel, flüssige Gouachefarben (Grün, Gelb, Blau, Weiß), Borstenpinsel, Pappteller, rundes Origamipapier in verschiedenen Farbtönen und Größen, viele selbst hergestellte Murmelbilder (→ S. 40), Deko-Material (z. B. Glitzersteine, Glimmer, Pompon, Perlen), Flüssigkleber; evtl. Zeitungspapier, 1 große grundierte Leinwand (mind. 120 × 80 cm), dicke Borstenpinsel

Auf ein Stück Pappteller erhält jedes Kind eine oder mehrere Farben, mit denen es seine Laternenschachtel innen und den Deckel außen bemalt. Es sollen möglichst viele grüne Farbtöne entstehen. In die noch feuchte Farbe streuen die Kinder Glimmer ein.

Die zwei Schachtelteile werden zusammengesteckt und zum Trocknen beiseite gelegt.

In einem weiteren Arbeitsschritt erschaffen die Kinder aus selbst gestalteten Murmelbildern und den runden Origamipapieren mehrere Wunschblumen. Dazu schneiden sie die unterschiedlich großen Papierstücke rundherum in Fransen-, Zacken- oder Blütenform ein.

Sie kleben mehrere dieser Kreise übereinander und schmücken sie mit Glitzer, Moggesteinen oder Pompons aus. Das ergeben wunderschöne Wunschblumen.

Jedes Kind darf sich eine kostbare Wunschblume aussuchen und diese in seine Lampionschachtel kleben.

Die restlichen Wunschblumen werden für die folgende Gemeinschaftsarbeit aufgehoben.

Variante Feenblumenwiese
(Gemeinschaftsarbeit)
Da es bei dieser Aktion wieder sehr farbig zugeht, empfiehlt es sich, den Arbeitstisch zusätzlich zur Malerabdeckfolie mit einer Schicht aus Zeitungen abzudecken, auf die die Werkstattleitung die große Leinwand legt. Die Kinder sollten rundherum Bewegungsfreiheit haben.

In einem Becher mischt sich jedes Kind einen grünen Wiesenfarbton.
Mit einem dicken Pinsel und ihrer Farbmischung stellen sich die Kinder rund um die Leinwand auf. Auf ein Kommando der Leitung legen alle gleichzeitig los, die Farbe durch Spritzen, Stupfen oder Klecksen auf der Leinwand zu verteilen. Eine grüne Wiese soll entstehen.
Zusätzliche geheimnisvolle Effekte lassen sich erzielen, wenn die Kinder auf die noch feuchte Farbe Glimmer streuen.
Damit die Wiese zu einer Feenwiese wird, kleben die Kinder auf die trockene Leinwand die restlichen Wunschblumen.
Na, wenn sich hier kleine Feen nicht wohlfühlen.

Farbmäuse im Haus

Die Anregung zu diesem Projekt waren drei Bilderbücher von Monique Felix, in denen eine Maus die Welt der Farben entdeckt, sich ein Haus baut und mit dem Wind gefährliche Abenteuer besteht.

Alter: ab 4 Jahren
Material für die Mäuse: Bilderbuch „Die Farben" von Monique Felix, Malerabdeckplane, Makulaturpapier, Kreppklebeband, Paketschnur, Wackelaugen, Wollreste, Flüssigkleber
Material für das Haus: Bilderbuch „Haus" von Monique Felix, pro Kind 1 Malkartonbogen (DIN A3), flüssige Gouachefarben in Rot, Blau, Gelb und Weiß, Teller für die Farbe, Pinsel, flache, offene Pappkartons für die Häuser, Aktenvernichter, verschiedenfarbiges Kopierpapier

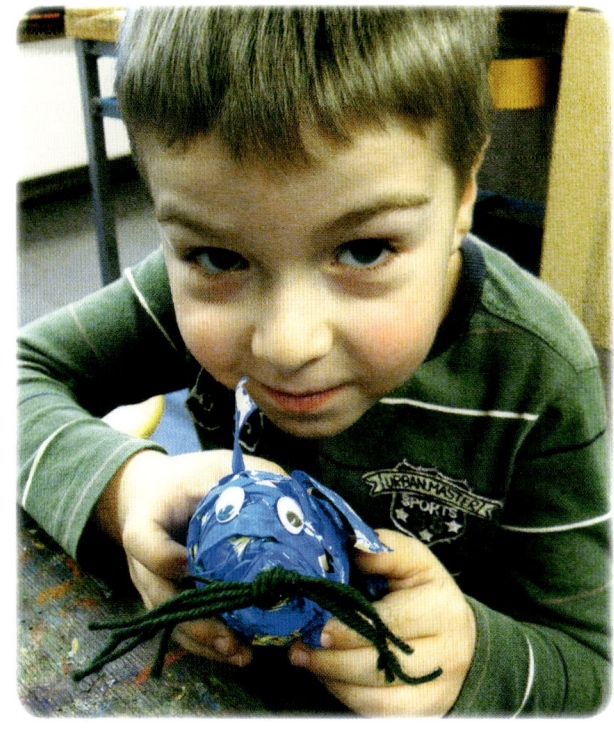

Material für das Windrad: Bilderbuch „Wind" von Monique Felix, Tonpapierquadrate (25 × 25 cm) in verschiedenen Farben, Ölpastellkreiden, Schaschlikspieße, Naturflaschenkorken, Scheren, Schneidemesser

Vorbereitung
Von den Naturflaschenkorken einzelne Scheiben mit dem Schneidemesser abschneiden.

- **Die Mäuse**

Alle Kinder setzen sich mit der Werkstattleitung in einen Kreis und sehen sich zusammen das Bilderbuch „Die Farben" von Monique Felix an und hören dazu folgende Geschichte:

Auf einer leeren Buchseite sitzt eine kleine Maus. Aus Langeweile knabberte sie ein Loch durch die erste Buchseite. Neugierig schlüpft sie durch die Öffnung und landet auf einem Malblock, neben dem einige ihr unbekannte Malutensilien stehen. Mit Begeisterung und Freude probiert sie alles aus und lernt dabei viel über das Mischen von Farben. Ein riesiges Durcheinander entsteht auf ihrem Arbeitsplatz. Dabei bleibt natürlich auch eine Menge Farbe auf ihrem Fell kleben und sie wird selbst immer bunter. Im Wassernapf versucht sie sich ein wenig zu säubern. Doch, was ist das? Ein fremdes Geräusch – schnell schlüpft sie durch ihr Loch zurück auf die sichere Seite.

© Dagmar Rücker

Jedes Kind bekommt von der Werkstattleitung ein großes Stück Makulaturpapier.
Die Werkstattleitung fordert die Kinder auf, genau zu beobachten, was sie mit ihrem Stück Papier macht, und es ihr Schritt für Schritt nachzumachen. Sie …

- … knautscht aus dem Stück Makulaturpapier eine feste Kugel.
- … drückt an einer Stelle der Kugel eine spitze Nase heraus.
- … drückt an zwei Stellen zwei Ohren aus der Kugel heraus.
- … umwickelt das ganze Gebilde gut mit Kreppklebeband.
- … befestigt ein Stück Paketschnur als Schwanz mit Kreppklebeband am Hinterteil.

Eine Maus entsteht.

Auf einen Teller erhält jedes Kind einen Klecks Gouachefarbe, z. B. in den Grundfarben Rot, Blau oder Gelb. Wer lieber eine Mischfarbe wie Orange, Grün oder Violett möchte, mischt sich diese aus den entsprechenden Farbanteilen.

Die Kinder halten ihre Maus am Schwanz fest und malen sie einfarbig an.

Nach dem Trocknen kleben sie Wackelaugen und Schnurrbarthaare aus Wolle auf.

Fertig sind die Farbmäuse. Meine Maus heißt „Piepsy Mäusebart". Wie heißt deine?

- **Das Haus**

Die Gruppe setzt sich in einem Kreis zusammen, sieht sich das Bilderbuch „Haus" von Monique Felix an und hört dazu folgende Geschichte:

Die kleine Maus sitzt auf einer leeren Buchseite. Sie überlegt, was sie diesmal gegen die Langeweile tun kann, und schon hat sie eine Idee. Sie knabbert in die Mitte der Seite ein kleines Herz. Durch dieses Loch kann sie auf die andere Seite auf eine Wiese schlüpfen. Eifrig knabbert sie um das Herz eine große Linie, die sie zu einem Quadrat schließt. Auf zwei gegenüber liegenden Seiten knabbert sie, jeweils in gleichem Abstand, drei parallele Linien in das Quadrat bis zu einem Viertel der Strecke. Und ruck, zuck faltet sich die Maus aus dieser Vorlage ein Gartenhaus mitten auf der Blumenwiese. Da lässt der Besuch nicht lange auf sich warten.

© *Dagmar Rücker*

Die Werkstattleitung gibt jedem Kind einen Malkarton.

Die Kinder falten den Karton der Breite nach einmal in der Mitte zu einem Dach.

Wie in der Geschichte „knabbern" die Kinder mit ihren „Knabberfingern" in die eine Seite des Daches ein Mauseloch. Das Loch soll so groß sein, dass ihre Maus durchpasst.

Anschließend klappen die Kinder das Dach wieder auf und malen es mit Gouachefarben bunt an.

Ist die Farbe getrocknet, montieren sie das Dach mit Kreppklebeband wie ein Zelt mit der bemalten Seite nach außen auf einen flachen Pappkarton.

Jetzt benötigen sie zur Auspolsterung der fertigen Mäusehäuser bunte Schnipsel. Dazu füttern die Kinder den Aktenvernichter mit farbigem Kopierpapier. Mit den dabei entstehenden Papierstreifenschnipseln stopfen alle ihre Häuser aus.

Es ist geschafft. Alle Farbmäuse beziehen ihr fröhlich buntes, kuschelig ausgestopftes Eigenheim. Neugierig schauen sie aus ihren „Knabberlöchern" heraus.

- **Das Windrad**

Die Gruppe setzt sich wieder in einem Kreis zusammen, sieht sich das Bilderbuch „Der Wind" von Monique Felix an und hört dazu folgende Geschichte:

Die kleine Maus sitzt wieder auf einer leeren Buchseite und sucht nach einer neuen Idee gegen die Langeweile. Sie knabbert ein Quadrat aus dem Papier. Aber schon aus der ersten kleinen Öffnung dringen unheimliche Töne. Trotzdem macht die Maus weiter. Sie muss sich mit aller Kraft gegen das Blatt stemmen. Etwas drängt wild und ungestüm durch den Spalt. Als die Maus das Quadrat endlich freigeknabbert hat, wird sie samt ihrem Papierstück von einem wilden Sturmwind erfasst und herumgewirbelt. Doch die schlaue Maus weiß sich zu helfen. Im Flug knabbert sie schnell von jeder Ecke aus eine Linie in Richtung Mitte. Jetzt lässt sich das Quadrat zu einem Windrad falten. Die Maus ist gerettet. Mit diesem Propeller an ihrem Schwanz kann sie wie ein Hubschrauber fliegen und die Welt von oben betrachten.
© Dagmar Rücker

Die Farbmäuse haben Lust bekommen, ein solches Windrad am Dach ihres Hauses anzubringen und damit in neue Abenteuer davonzufliegen.

Damit jedes Haus für den großen Ausflug einen Propeller bekommt, bemalt jedes Kind zuerst ein Quadrat mit einem eigenen Muster. Dabei kommen Ölpastellfarben zum Einsatz.

Unter Anleitung der Werkstattleitung …

- … falten die Kinder ihr Quadrat zweimal so, dass nach dem Ausbreiten in der Mitte ein diagonales Kreuz aus zwei Falz- bzw. Hilfslinien entsteht.
- … schneiden sie von jeder der vier Ecken aus entlang der Falzlinie das Quadrat mit der Schere zwei Drittel in Richtung Mitte ein (es entstehen vier halbierte Ecken).
- … kleben sie eine halbe Ecke in die Mitte; die übernächsten halben Ecken ebenso. Den letzten Schritt wiederholen sie noch zweimal, bis ein vollständiges Windrad entstanden ist.
- … spießen sie auf einen Schaschlikspieß eine Korkscheibe, dann das Windrad und fixieren das Ganze auf der Spitze mit einem restlichen Korkenstück.

Fertig ist das Windrad. Die Kinder befestigen das Windrad am Mäusehausdach und los geht die Flugreise. Wohin fliegt ihr denn?

Experimente mit Farben

Zum Experimentieren mit Farben gehören der Spaß am Ausprobieren und die Neugier auf spannende Entdeckungen. Dabei gibt es kein „richtig" oder „falsch", es geht immer um die Freude am Tun. Oft gibt die Natur überraschende Antworten, die neue Fragen zum Thema Farben wachrufen. In diesem Kapitel sind reizvolle Angebote und Ideen rund ums Experimentieren mit Farben zu finden.

Das große Farben-Mischen

Die Kinder gestalten einen Farb-Experimentiertisch, um neue Farben zu mischen, und entdecken dabei die unterschiedlichen Nuancen der Farben.

Alter: ab 3 Jahren
Material: 3 große Gläser, Wasserfarben in den Grundfarben Gelb, Rot und Blau, Reagenzgläser, Pipetten

Die Kinder füllen Wasser in drei große Gläser und färben es mit je einer Grundfarbe kräftig ein.
Jeweils ein Kind kann am Tisch Platz nehmen und seine Untersuchungen starten. Mit den Pipetten gibt es Tropfen aus den Gläsern in die Reagenzgläser und mischt sie miteinander.
Je nach Menge der miteinander vermischten Farbflüssigkeiten entstehen die unterschiedlichsten neuen Farben.
Hinweis: Wenn die Reagenzgläser verschlossen vor ein Fenster gehalten werden, erscheinen die Farben strahlender.

Variante
Der Experimentiertisch kann jederzeit zu Farbversuchen genutzt werden – ein echtes Farben-Labor.

Bunte Flaschen

Die Kinder hatten die Idee, am Farb-Experimentiertisch in kleinen Flaschen die Farben des Ittenschen Farbenkreises herzustellen.

Alter: ab 4 Jahren
Material: Bildmaterial „Farbkreis Itten" (→ S. 12), 3 große Gläser, Wasserfarben in den Grundfarben, genügend kleine Plastikflaschen (Abfallmaterial in Arztpraxen oder Chemiefirmen), Pipetten, Reagenzgläser

Am Farb-Experimentiertisch werden in drei großen Gläsern die Grundfarben mit Wasser angemischt. Jedes Kind kann an diesem Tisch mit Pipetten in den Reagenzgläsern Farben mischen und mit denen des Farbkreises im Bildmaterial vergleichen.

Die entstandenen Farben, die nach optischer Prüfung und individueller Einschätzung der Kinder denen des Farbkreises am ähnlichsten sind, füllt das Kind in die kleinen Flaschen und verschließt sie fest, nachdem der Verschluss mit Kleber eingestrichen wurde.

An eine Schnur aufgeknüpft und vor ein Fenster gehängt, erstrahlen die Farben intensiv.

Farbkreis selbst gemacht

Eine spannende Aktion, bei der die Kinder das Entstehen des Farbkreises hautnah erleben.

Alter: ab 5 Jahren
Material: 7 Plastikbecher, Wasserfarben in den Grundfarben, Pappe mit aufgezeichnetem Kreis, Bildmaterial „Farbkreis Itten" (→ S. 12)

Die Kinder mischen mit Wasserfarben die drei Grundfarben in drei Plastikbechern an. Die Farben sollten sehr kräftig sein, um ein intensiveres Ergebnis beim Mischen zu erzielen.

Die Kinder schütten von zwei Farben jeweils ein bisschen in einen leeren Becher. Die entstandene Farbe sollte mit der Farbe, welche im Farbkreis zwischen den beiden Grundfarben steht, übereinstimmen, z. B. aus Gelb mit Rot gemischt sollte Orange entstehen.

Die drei Farben werden in den Kreis gestellt, die Mischfarbe in die Mitte.

Die Kinder wiederholen den Vorgang noch zweimal mit den jeweils anderen Grundfarben. Am Ende stehen sechs Becher mit je drei Grund- und Mischfarben im Kreis.

Bleibt zum Schluss noch die Frage offen, welche Farbe entsteht, wenn alle drei Grundfarben miteinander gemischt werden?

Die entstandene Farbe wird in die Mitte des Kreises gestellt. Wie heißt sie?

Können Farben frieren?

Schon die Allerkleinsten werden vor Staunen auf die Eisfarben starren.

Alter: ab 3 Jahren
Material: Lebensmittelfarben, Becher, Eiswürfelbehälter zum Einfrieren (keine Beutel), weißes saugfähiges Papier

In Bechern mischen die Kinder mit Lebensmittelfarben Wasser an. Ob es sich um eine Farbe oder eine Mischfarbe aus zwei oder drei Farben handelt, spielt dabei keine Rolle.
Diese Farben füllen die Kinder in die Eiswürfelbehälter und stellen sie zum Gefrieren in das Eisfach des Kühlschranks.
Die gefrorenen Eiswürfel nehmen die Kinder aus den Behältern und malen damit auf das Papier.
Schade, dass die Eisfarben so schnell schmelzen! Aber die Finger abzuschlecken, schmeckt so lecker.

Filzstift mal anders

Simsalabim – aus Filzstiftstrichen und Gemälden werden kleine Aquarellkunststücke.

Alter: ab 3 Jahren
Material: Malunterlagen, runde Filterpapiere, wasserlösliche Faserstifte (Filzstifte), Pipetten, Wassergläser

Jedes Kind malt mit Filzstiften zwei bis vier runde Filterpapiere an.
Mit der Pipette tropfen die Kinder Wasser aus ihren Gläsern auf die bemalten Kreise.
Wie von Zauberhand lösen sich die Striche und Flächen durch das Wasser auf und vermischen sich.
Bei genauem Hinsehen beobachten die Kinder die neu entstehenden Farben und Übergänge.
Sind die verzauberten Kreise getrocknet, werden sie auf eine Schnur gefädelt und vor die Fenster gehängt.
Welch ein zauberhafter Anblick!

Kreisschnitte

In dieser Gemeinschaftsarbeit lernen die Kinder etwas über die Wirkung von Farben.
Spielerisch gewinnen sie Erkenntnisse über die drei Komplementärkontraste Rot/Grün, Blau/Orange und Violett/Gelb.

Alter: ab 4 Jahren
Material: mehrere Bögen Tonpapierkarton (DIN A2, z.B. in Rot, Gelb, Blau, Grün, Orange, Violett), runde Origamifaltpapiere in verschiedenen Farbtönen, Scheren, Flüssigkleber

Die Kinder sitzen mit der Werkstattleitung im Kreis um die ausgebreiteten Tonpapierkartons und probieren zusammen aus, welche farbigen Kreise auf welchem Tonpapierkarton als Hintergrund am kräftigsten wirken.

Gibt es auch Kombinationen, bei denen z.B. die Kreise fast verschwinden oder welche, die kalt (nur blaue Farbtöne), warm (nur rote und gelbe Farbtöne) oder beruhigend (nur grüne Farbtöne) wirken? Jedes Kind sucht sich einen oder mehrere Kreise aus und schneidet mit der Schere am Rand entlang oder in die Mitte Muster in das Papier. Der Kreis kann dabei auch zuerst in der Mitte ein- oder zweimal gefaltet werden.
Anschließend entscheiden sich die Kinder gemeinsam für einen Tonpapierkarton. Hierauf arrangieren sie ihre Kreise und kleben sie mit Flüssigkleber auf.

Variante

Ein weiterer Farbeffekt entsteht, wenn die Kinder ihre hergestellten Kreisschnitte zuerst mit einem großen quadratischen Origamipapier in einer Komplementärfarbe unterkleben, bevor alle Kreisschnitte auf einem großen Tonpapierkarton zu einer Gemeinschaftsarbeit zusammengefügt werden.

Pinsel selbst herstellen

Für Kinder ist es immer wieder spannend, selbst hergestellte Pinsel auszuprobieren. So hinterlässt z. B. ein Pinsel, der aus wenigen langen Wollfäden gebunden ist, eine andere Spur als einer, der aus vielen kurzen Wollfäden gemacht ist.

Alter: ab 6 Jahren
Material: Holzstäbe oder Äste, auch Holzspatel (ø 1 cm, ca. 25 cm lang), Bast, langes Heu oder Gräser, Wattestäbchen, Zahnstocher, Reisig, Schaumstoffstücke usw., Wollreste

An einen Pinselstab aus Holz binden die Kinder mit Wolle aus dem bereitliegenden Material einen Pinselkopf. Nehmen sie wenig Material, ergibt sich ein kleiner Pinsel für kleine Flächen und dünne Linien, bei mehr Material entsteht ein großer Pinsel für großflächige Malereien oder dicke Linien. Los geht es mit Malen, Spritzen und Tupfen.

Aus der Farbenküche

Kinder finden es interessant, aus Pigmenten Farben selbst herzustellen. Fleißig rühren sie die Zutaten zusammen und probieren die Farbmischungen anschließend mit Freude aus.

Alter: ab 5 Jahren
Material: Farbpigmente, Bindemittel (z. B. Leimbinder, Tapetenkleister, Eier oder Acrylbinder), verschließbare Gläser, Löffel, Holzstäbchen, Joghurtbecher, Pinsel in verschiedenen Arten und Stärken, Malpappen

Was sind Pigmente?
Im Fachhandel sind speziell für den Umgang mit Kindern Farbpigmente entwickelt worden, die es ihnen ermöglichen, gesundheitsverträglich Farben ohne chemische Zusätze wie Stabilisatoren und Konservierungsmittel selbst herzustellen.

Vorbereitung der Pigmente
- So viel Pigmentpulver wie angegeben in ein wieder verschließbares Glas füllen.
- Das Glas mit Wasser auffüllen, bis das Pigmentpulver gut bedeckt ist.
- Das Gemisch mindestens 24 Stunden verschlossen durchziehen (einsumpfen) lassen. Danach hat die Farbmasse die richtige Konsistenz zum Vermischen mit dem Bindemittel.

Hinweis: Nicht verwendeter Pigmentbrei lässt sich erneut gut mit Wasser abgedeckt und verschlossen aufbewahren.

Vorbereitung eines Bindemittels
- **Leimbinder:** 15 g Leimpulver in 70 ccm kaltes Wasser einrühren, 1/2 Stunde stehenlassen und dann gut durchschlagen.
- **Tapetenkleister:** nach Gebrauchsanweisung anrühren.
- **Volleibinder:** Ein Ei aufschlagen und die Masse in ein wieder verschließbares Glas füllen. Das Glas mit dem Deckel schließen und so lange schütteln, bis sich Eidotter und Eiweiß gut gemischt haben und die Flüssigkeit eine schaumige Konsistenz hat.

Hinweis: Volleibinder und Tapetenkleister lassen sich aufgrund ihrer tierischen Herkunft nicht lange aufbewahren. Sie fangen schnell an zu stinken. Deshalb immer nur so viel anrühren, wie benötigt wird.
- **Acrylbinder** ist gebrauchsfertig im Handel erhältlich.
  Hinweise:
    - Werden Farbpigmente mit einem Kunststoffbinder gebunden, spricht man von Acrylfarbe. Die Farbe trocknet schnell, glänzend und wasserfest auf. Sie ist geeignet für Malgründe aus Papier, Karton, Leinwand, Holz, Gips, Metall und Plastik.
    - Vor dem Trocknen der Farbe sind Werkzeuge und Kleidung leicht mit warmem Wasser und Seife zu reinigen.
    - Im Fachhandel sind viele Farbtöne, auch als günstige Schulmalfarbe, erhältlich.

Die Kinder dürfen sich eine eigene Farbpalette herstellen, indem sie kleine Mengen Pigmentbrei mit Bindemittel in Joghurtbechern mischen und die selbst hergestellten Farben auf einer Malpappe ausprobieren.

Anhang

Register

Aktivitäten

Action Painting	37
Andys Blumen	28
Auf den Hut gekommen	22
Auf der blauen Insel	58
Aus der Farbenküche	124
Biestbild	47
Blätterschatten	29
Blatt für Blatt	57
Blattsalat	81
Blauer Stuhl	50
Bowerbird	109
Briefe aus dem Mittelalter	96
Bunte Flaschen	118
Bunte Post	73
Bunte Tropfen	79
Bunte Wattetupfer	31
Das große Farben-Mischen	118
Durchscheinend	89
Ein grünes Krokodil	48
Ein Reißverschluss zum ...	92
Eistüten	24
Es grünt so grün	58
Expedition Gouachefarben	35
Experimentieren mit Aquarellstiften	72
Experimentieren mit Kohle	64
Experiment Tusche	95
Experiment Wasserfarbe	20
Experiment Zuckerkreide	75
Farben-Misch-Masch	61
Farbkreisel	91
Farbkreis selbst gemacht	119
Farbmäuse im Haus	113
Farbrader	41
Farbscheiben	42
Farbspiralen	60
Farbstrudel	21
Feuerfarben	26
Feuerwerk	67
Filzstift mal anders	120
Froschkönig	102
Gut geschleudert	54
Hippieköpfe	94
Höhlenbilder	66
Klebezettel	90
Klecksbilder	97
Können Farben frieren?	120
Kontrast-Reich	62
Kratzbilder	87
Kreisschnitte	122
Kreuz und quer	85
Kunterbunte Nasenbären	82
Lang und rund	78
Lauf, Farbe, lauf!	22
Litfaßsäule	44
Lustige Namensbilder	99
Mauermäuse	69
Meine Familie und ich	71
Murmelpapier	40
Nass in Nass	25
Nester	77
Pinsel selbst herstellen	123
Pop-Art Porträt	108
Prächtiges Gehäuse	59
Pustebilder	98
Quadratisch, bunt und gut	72
Ran an die Farbpistolen	56
Riesenschlange	86
Schau in dein Gesicht	66
Schneckenkönig	32
Selbstporträt	92
Süße Früchte	68

Tanzende Zuckerkreide	76
Tausendfüßler Willibald	104
Temperafarben ausprobiert	52
Tierpuzzle in der Kiste	103
Tintenhexe	100
Tortenwunder	63
Tupfenbilder	39
Vasenbilder	80
Verwandelte Buchstaben	74
Waschtag	105
Wunschblumen	111
Würfelbilder	49
Zart und leicht	77
Zwischen Hochhäusern unterwegs	84

Steckbriefe

Lucio Fontana	46
Sam Francis	36
Ernst Litfaß	43
James Rizzi	83
Niki de Saint Phalle	55
Andy Warhol	27

Literatur

Beutl, Petra: Fühl das Rot und sieh das Blau – Mit Kindern die Welt der Farben entdecken. Freiburg im Breisgau (Christophorus-Verlag) 1998, 1999

Boujon, Claude: Der blaue Stuhl. Hamburg (Carlsen Verlag) 1999

Comella, Maria Ángels: Ravensburger Kindermalschule. Ravensburg (Ravensburger Buchverlag) 1997, 2004

Cottin, Menena/**Faria,** Rosana: Das schwarze Buch der Farbe. Frankfurt (Fischer Schatzinsel) 2008

DallaPiazza Popp, Mirca/**Bucher-Senn,** Barbara: Sonnengelb und Erdbeerrot. Mit Kindern auf den Spuren von Vincent van Gogh. Donauwörth (Auer Verlag) 2004

Felix, Monique: Die Farben. Ermatingen (Neptun Verlag) 1993

Felix, Monique: Das Haus. Ermatingen (Neptun Verlag) 1993

Felix, Monique: Der Wind. Ermatingen (Neptun Verlag) 1993

Heller, Eva: Die wahre Geschichte von allen Farben – Für Kinder, die gern malen. Oldenburg (Lappan Verlag) 1994

Itten, Anneliese: Johannes Itten „Der Farbenstern". Zürich (E. A. Seemann Verlag) 1985

Joiner, Nicole/**Rücker,** Dagmar: Kunst-Schachtel 1–10. Kreative Ideen für Kinderhände. Kempen (BVK Buch Verlag Kempen) 2008–2012

Löwenberg, Ute: Optische Täuschungen – Aktivbox mit 50 Karten. München (arsEdition) 1996

Neysters, Silvia: Andy Warhol – Bilder für Kinder (Abenteuer Kunst). München (Prestel) 2004

Seitz, Rudolf: Kinderatelier – Malen, Zeichnen, Drucken, Bauen. Ravensburg (Ravensburger Buchverlag) 1986

Sortland, Björn/**Elling,** Lars: Rot, Blau und ein bißchen Gelb. Freiburg (Kerle im Verlag Herder) 1993, 1997

Wittke, Karsten: Experimentieren mit Pigmenten – Farben selbst anmischen. Freiburg im Breisgau (Christophorus-Verlag) 2004

Die Autorinnen

 **Nicole Joiner**, Erzieherin und Bildungsmanagerin (KH, Freiburg), gestaltet und leitet seit 1998 regelmäßig kunstpädagogische Kurse und Projekte für Kinder und Jugendliche. Sie ist Leiterin eines Kinderhauses und lebt mit ihrem Mann und ihren beiden Söhnen in Mannheim.

 **Dagmar Rücker**, Künstlerin und Dozentin, studierte von 1988–1992 an der Freien Kunstakademie Mannheim Bildende Kunst. Für ihre künstlerische Arbeit wurde sie mehrfach ausgezeichnet. Seit ihrem Studium gestaltet und leitet sie regelmäßig Kurse und Projekte für Kinder, Jugendliche und Erwachsene in verschiedenen Einrichtungen. Sie lebt und arbeitet in Mannheim.

Die beiden Autorinnen publizieren gemeinsam kunstpädagogisches Material für den Elementar- und Grundschulbereich.

Kinderleichte Materialwerkstatt

Nicole Joiner · Dagmar Rücker

Knüllen, falten, schneiden, färben

Kunterbunte Ideenkiste für Kinder von 3–8 Jahren

Kreativ, künstlerisch & kinderleicht

Jenseits von perfekten Bastelvorlagen und Schablonentechnik finden ErzieherInnen, LehrerInnen und engagierte Eltern zahllose einfache Angebote, um mit Drei- bis Achtjährigen mit viel Spaß in die Materialien Papier und Pappe einzutauchen.

Da wird mit Händen, Füßen, Kopf und Körper geknüllt, gerissen, gematscht, gekleistert, geschnitten, gewickelt und gesteckt, was das Zeug hält!

ISBN 978-3-86702-116-6

Nicole Joiner · Dagmar Rücker

Filzen, wickeln, nähen, weben

Kunterbunte Ideenkiste für Kinder von 3–8 Jahren

Mit viel Spaß tauchen Kinder in eine Fülle kreativer Angebote ein. Sie werden angeregt, unterschiedlichste Stoffe, Wolle, Filz, Gewebe, Leder, Garne, Samt und Seide mit allen Sinnen wahrzunehmen, lustvoll damit zu experimentieren und fantasievoll zu gestalten.

ISBN 978-3-86702-181-4

www.oekotopia-verlag.de

Ökotopia im Internet:
Alle Bücher und CDs finden Sie in unserem Online-Webshop

Exklusiv nur bei Ökotopia:
Lese- und Hörproben, kostenlose Liedertext-Datenbank, Schnäppchen, Veranstaltungstermine, Informationen zu den Ökotopia-AutorInnen …

Fordern Sie unseren kostenlosen Magalog an:

Ökotopia Verlag
Hafenweg 26a · D-48155 Münster
Tel.: (02 51) 48 19 80 · Fax: 4 81 98 29
E-Mail: info@oekotopia-verlag.de

Bleiben Sie mit uns in Verbindung

R. Bestle-Körfer, A. Stollenwerk
Sinneswerkstatt Landart
Naturkunst für Kinder

Fantasievolle Spiele, Gestaltungsaktionen, Gedichte und Geschichten sowie spannende Sachinfos führen Kinder und PädagogInnen mitten in die Natur. Ausdrucksstarke vierfarbige Fotos zeigen die Natur aus ungewohnten Blickwinkeln und dokumentieren die Gestaltungsfreude und Ästhetik von Landart-Aktionen mit Kindern.

ISBN 978-3-86702-074-9

R. Bestle-Körfer, A. Stollenwerk
Sinneswerkstatt Farben der Natur
Kinder entdecken spielerisch die Farbenvielfalt der Natur

Zahlreiche Spiele und kreative Anregungen lassen die Farben der Natur in schöpferischen Aktionen lebendig werden. Gedichte, Geschichten und hilfreiche Sachinformationen ergänzen und vertiefen das Thema.

ISBN 978-3-86702-141-8

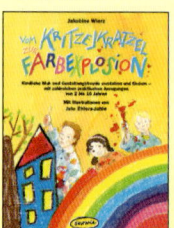

Vom Kritzelkratzel zur Farbexplosion

Kindliche Mal- und Gestaltungsfreude verstehen und fördern – mit zahlreichen praktischen Anregungen von 2 bis 10 Jahren

ISBN 978-3-936286-42-7

Kritzeln-Schnipseln-Klecksen

Erste Erfahrungen mit Farbe, Schere und Papier und lustige Ideen zum Basteln mit Kindern ab 2 Jahren in Spielgruppen, Kindergärten und zu Hause

ISBN 978-3-925169-96-0

Nicole Joiner, Dagmar Rücker
Knüllen, falten, schneiden, färben

Kunterbunte Ideenkiste für Kinder von 3-8 Jahren

ISBN 978-3-86702-116-6

Gisela Mühlenberg
Jahreszeiten Bastelkiste

Tolle Ideen für Kinder ab 2 Jahren – fürs ganze Jahr, für Kinderfeste und zwischendurch

ISBN 978-3-86702-139-5

Gisela Walter
Von Kindern selbstgemacht

Allererstes Basteln mit Lust, Spiel und Spaß im Kindergarten und zu Hause

ISBN 978-3-931902-84-1

Jakobine Wierz
Spiel doch mit den Schmuddelkindern

Matschen, Schmieren, Spielen und Gestalten mit verschiedenen Materialien

ISBN 978-3-931902-92-6

Knallbunt im Formenrausch

Kinder malen, sprayen, reißen, zeichnen, drucken und gestalten wie farbenfrohe Künstler

ISBN 978-3-86702-041-1

Große Kunst in Kinderhand

Farben und Formen großer Meister spielerisch mit allen Sinnen erleben

ISBN 978-3-931902-56-8

Mit Pinsel, Farbe, Schere und Papier

Pfiffige Sachen basteln zum Spielen, Staunen und Bewegen mit Kindern ab 2 Jahren

ISBN 978-3-86702-105-0